DAGMAR VON CRAMM

SCHLANK MIT DER Prep-Diät

10
PERFEKT ABGESTIMMTE WOCHENPLÄNE

1 × einkaufen,
1 × vorbereiten
und 5 Tage
einfach abnehmen!

OPTIMALE NÄHRSTOFFVERSORGUNG

Kalorien-, Kohlenhydrat- und
Nährstoffrechnen ade!

FOTOS VON HUBERTUS SCHÜLER

INHALTSVERZEICHNIS

DIE AUTORIN

Dagmar von Cramm ist Ernährungswissenschaftlerin mit praktischem Koch-Know-how: Seit über 30 Jahren publiziert sie in Büchern, Magazinen, TV und sozialen Medien Rezepte, die gelingen und guttun, gibt Tipps für den gesunden Alltag und Einblick in die bunte Welt der Lebensmittel und der Ernährungswissenschaft. „Gesund essen muss schmecken" ist ihre Devise. Dabei ist sie als Präsidiumsmitglied der Deutschen Gesellschaft für Ernährung wissenschaftlich stets auf dem Laufenden. Der Austausch im Food Editors Club beflügelt den Genuss. Ihre eigene Familie mit drei Kindern, zwei Enkeln und Dackel sorgt dafür, dass sie stets auf dem Boden bleibt.
So ist auch ihre Prep-Diät ganz praxisbezogen, in der eigenen Versuchsküche getestet und probiert. Aus unzähligen Leserkontakten weiß sie, wie schwer es im Alltag fällt, gesund zu essen – vor allem, wenn man ein paar Kilos loswerden will. Denn wir werden von Essangeboten überflutet, denen schwer zu widerstehen ist. Schon in ihrem Bestseller „Simplify your diet" fängt Schlanksein beim Einkauf an. Die Prep-Diät ist die logische Umsetzung in die Praxis: nur so viel kaufen, wie man essen will. Wie man etwas vorkocht und frisch aufbewahrt, das weiß die Ökotrophologin genau und setzt es in der Prep-Diät einfach um.

WAS IST DIE PREP-DIÄT?

„Prep“ kommt vom englischen „meal preparation“, auf gut Deutsch: vorkochen. Samstags einkaufen, sonntags vorkochen und montags gut gepreppt in die fertig durchgeplante Woche starten.

Auf Basis dieser praktischen Idee habe ich die Prep-Diät entwickelt, die nicht nur **schlanker,** sondern auch **gesünder** und **fitter** macht. Und unschlagbar viele Vorteile hat: optimale Zusammensetzung des Essens, hohe Zeitersparnis, kein Kalorienzählen, keine ständige mentale Beschäftigung mit der nächsten Mahlzeit, kaum Abfall.

Die Rezepte basieren auf dem neuesten Stand der Ernährungswissenschaften mit vollwertiger Ernährung ohne Weißmehl, mit natürlichen Zutaten, vielen Ballaststoffen, allen Nährstoffen und maximal 1.400 Kalorien pro Tag.
Das ergibt gesunde Mahlzeiten für fünf Tage, die garantiert satt machen und innerhalb weniger Minuten auf dem Tisch stehen. Am Wochenende sind sogar zwei Cheat Days erlaubt: Zeit zum Ausgehen oder Essen mit Freunden.

10 PREP-DIÄT-PLUSPUNKTE

1 Enorme Zeitersparnis: einmal kochen, davon eine Woche essen. Du wirst überrascht sein, wie viel Zeit du auf einmal hast! Kein tägliches Grübeln mehr, was es zu essen geben soll. Der gut geplante Einkauf geht zügig über die Bühne. Das Vorkochen braucht nur 2 bis 3 Stunden. Unter der Woche hast du das Essen in wenigen Minuten auf dem Tisch – und dazu auch noch kaum Abwasch. Unschlagbar!

2 Garantierte Gewichtsabnahme ohne Hunger und Mangel! Die Prep-Rezepte machen satt, gleichzeitig ist die Kalorienzufuhr so begrenzt, dass du sicher abnimmst – die Kilos werden purzeln. Aber lass dir Zeit und genieße die Cheat Days am Wochenende! Das hilft dir durchzuhalten und bringt langfristig größeren Erfolg.

3 Gesundes Essen, das den Nährstoffbedarf zu 100 % deckt. Eine ausgewogene Ernährung kommt im Alltag oft zu kurz, viele Diäten sind sogar das genaue Gegenteil. Wenn aber der Bedarf an Vitaminen, Mineralstoffen, Bioaktivstoffen, Eiweiß und Omega-3-Fetten nicht gedeckt ist, baut man eher ab und wird während der Diät schneller rückfällig. Das gilt es unbedingt zu vermeiden. Darum beinhaltet jede Prep-Diät-Woche einen vollwertigen Mix aus Gemüse, Vollkornprodukten, Nüssen und Saaten. So bist du beim Abnehmen optimal versorgt. Das fühlt sich gut an – und man wird es dir ansehen!

4 Für jeden Geschmack: Die Prep-Diät ist individuell anpassbar. Meine Prep-Diät will langfristig etwas ändern. Darum zeige ich für jede Woche, welche Lebensmittel du problemlos austauschen kannst. So lassen sich die Gerichte ganz einfach an persönliche Vorlieben anpassen und auf Dauer in den Alltag integrieren.

5 Exakte Mengen: Was nicht da ist, kann man nicht essen. Was wir erst einmal im Haus haben, das essen wir auch. Darum ist es für den Erfolg der Prep-Diät wichtig, sich eng an die Wocheneinkaufslisten zu halten und typische Verlockungen aus der Küche zu verbannen. Verlasse dich darauf: Die Mengen reichen.

6 Keine Versuchung beim Einkaufen. Wer planlos oder hungrig einkauft, hat hinterher alle möglichen ungesunden Dinge im Korb, die er gar nicht braucht. Die Prep-Diät-Wochen sind so gut durchgeplant, dass das nicht mehr passiert. Man braucht nur einmal die Woche einzukaufen – und dann ganz gezielt. Und ist optimalerweise noch von der letzten Prep-Mahlzeit satt.

7 Wenig Abfall: Der gesamte Frische-Einkauf wird verwertet. Wenn du dich beim Einkaufen an die vorgegebenen Mengen hältst, ist das gleichzeitig umweltbewusst und spart Geld. Was auf dem Einkaufszettel steht, wird auch verwertet. Nur bei rohem Gemüse kannst du ruhig etwas mehr für zwischendurch kaufen.

8 Keine unerwünschten Zusatzstoffe: 100 % natürlich kochen! Wer preppt, der braucht keine Fertigprodukte. Ich koche mit natürlichen Zutaten, ganz frisch. Dabei verwende ich viele Gewürze und frische Kräuter. Die sorgen für tollen Geschmack und erhöhen zudem die Haltbarkeit. Da die Gerichte höchstens für 5 Tage vorbereitet werden, sind Konservierungsstoffe überflüssig. Wichtig ist allerdings eine ausreichende Kühlung.

9 Volle Sättigung: Ballaststoffe halten lange vor. In meinen Prep-Rezepten steht Gemüse im Vordergrund, ergänzt durch ballaststoffreiche Vollkornprodukte, Nüsse und Co. Gemüse besteht zum Großteil aus Wasser und kalorienfreien Ballaststoffen und ist sehr gesund. Die Kombination macht schnell und lange satt – optimal zum Abnehmen.

10 Resistente Stärke in Kartoffeln, Nudeln und Reis. Resistente Stärke ist unverdaulich, sie macht also satt, wird aber einfach wieder ausgeschieden. Sie entsteht unter anderem beim Abkühlen gegarter stärkereicher Lebensmittel und macht **bis zu 20 % weniger verwertbare Kalorien** aus. Das macht Kartoffeln, Nudeln und Reis zum perfekten Prep-Diät-Lebensmittel – toll für Figur und Darmmikrobiota! Auch das Aufwärmen ist kein Problem, die resistente Stärke bleibt erhalten.

SO GEHT'S

Eine Diät sollte immer flexibel sein, damit sie zu den Vorlieben und Gewohnheiten jedes Einzelnen passt. Sonst wird sie ein Fremdkörper, den man irgendwann abstößt. Ziel ist ja, einige Rezepte, die Art zu essen und vielleicht auch ganze Wochenpläne in den normalen Alltag aufzunehmen. Das macht die Prep-Diät nachhaltig und schützt vor dem gefürchteten Jo-Jo-Effekt.

Slow Carb, Best Protein, Fat

Die Basis der Prep-Diät ist Slow Carb, also Kohlenhydrate, die langsam verdaut werden und den Blutzucker auf einem ausgeglichenen Niveau halten. Genau das passiert immer dann, wenn sie reich an Ballaststoffen und Mehrfachzuckern sind, wie es bei Gemüse, Hülsenfrüchten, Vollkorngetreide, Nüssen und Saaten der Fall ist. Lebensmittel ohne Ballaststoffe und mit hohem Gehalt an Einfach- oder Zweifachzuckern, also schnell verdauliche Kohlenhydrate wie Zucker, Weißmehl und Stärke, gibt es hier nicht.

Eiweiß aus pflanzlichen und tierischen Quellen bietet die Prep-Diät in ausgewogenem Verhältnis, denn ein Mix verschiedener Eiweißquellen erreicht die höchste biologische Wertigkeit. Die biologische Wertigkeit misst den Nährwert eines Eiweißes für die Zellerneuerung unseres Körpers: Je höher sie ist, desto weniger brauchen wir, um den Eiweißbedarf zu decken. Spitzenreiter hinsichtlich der biologischen Wertigkeit: Kartoffel mit Ei.

Dazu gibt es gesunde Fette, vor allem aus pflanzlichen Quellen. Für unsere Gesundheit sind mehrfach ungesättigte Fettsäuren, vor allem Omega-3-Fettsäuren, enorm wichtig. Die sind besonders in Pflanzenfett und fettem Seefisch enthalten. Meine Prep-Diät ist nicht fettreich, aber auch nicht Low Fat, da Fett nicht nur lebensnotwendig, sondern auch ein Geschmacksträger ist – und lange satt macht.

Pro Tag werden in der Prep-Diät circa 1.400 Kilokalorien gegessen, die sich über die Mahlzeiten etwa so verteilen:

Morgens: 300–400 Kalorien
Mittags: 400–450 Kalorien
Abends: 500–550 Kalorien

Letztlich kommt es auf die Gesamtkalorien des Tages an. Du kannst problemlos das Frühstück einer Woche gegen das einer anderen tauschen, ohne die Bilanz zu verändern. Auch mittags und abends kannst du tauschen. Ich habe die Rezepte so entwickelt, dass sich die Mittagsmahlzeit gut zum Mitnehmen eignet. Wer aber den ganzen Tag zu Hause ist, der kann natürlich das warme Abendessen mittags zubereiten und die eher kalte Lunchmahlzeit abends essen.

Intervallfasten

Wichtig sind feste Mahlzeiten. Damit macht sich die Prep-Diät auch das Prinzip des Intervallfastens zunutze: Es wird nicht ständig gesnackt, sondern es gibt Esspausen. Das bezieht sich auf die Zeit zwischen den drei Mahlzeiten, aber auch auf die Nachtruhe. Optimal ist, wenn **zwischen Abendessen und Frühstück mindestens 12 Stunden** liegen. Wer also um 8 Uhr frühstückt, sollte spätestens um 20 Uhr die letzte Mahlzeit gegessen haben – besser aber früher. Das versetzt den Körper über Nacht in einen Zustand des Fastens, der neben der Gewichtsabnahme viele gesundheitliche Vorteile hat:

- **Bauchspeicheldrüse:** Reduktion der Insulinproduktion und verbesserte Insulinsensitivität. (Die Insulinsensitivität drückt aus, wie sensibel Organe auf Insulin reagieren. Je höher sie ist, desto weniger Insulin benötigt man.)
- **Herz-Kreislauf-System:** Ein hoher Blutdruck sinkt, der Cholesterinspiegel normalisiert sich.
- **Magen-Darm-Trakt:** Essenspausen entlasten Magen und Darm und die Vielfalt an Darmbakterien nimmt zu. So trägt Intervallfasten zu einer gesunden Darmflora bei.

Studien des Max-Planck-Instituts zur Chronobiologie ergaben, dass wir tagsüber einen natürlichen Essrhythmus von etwa 5 Stunden haben. Das passt perfekt zu drei Mahlzeiten – deshalb gibt es diese Einteilung auch in fast allen Kulturen der Welt. Für den Verdauungstrakt bedeuten diese Pausen Regeneration. Man lernt dadurch, Hunger von Appetit zu unterscheiden.

Deshalb ist es auch wichtig, keine Mahlzeit ausfallen zu lassen. Aber natürlich kannst du später frühstücken – und dann entsprechend später mittags und abends essen.

Und wenn man es trotzdem nicht ohne Snack durchhält? **Rohes Gemüse geht immer!** Wer Schwierigkeiten hat, 5 Stunden nichts zu essen, sollte für ausreichend Knabbergemüse der leichten Art sorgen. Bitte kein Obst! Das enthält zu viel Zucker und macht eher hungrig. Die absolute Notfallration ist eine Handvoll – etwa 25 g – ungeschälter Mandeln naturell. Die machen durch viele Ballaststoffe satt und schlagen nachweislich nicht so stark zu Buche.

Samstags shoppen, sonntags kochen

Natürlich kann jeder seine Prep-Woche legen, wie er will. Doch die meisten Menschen haben am Wochenende frei. Deshalb ist bei mir der Samstag Einkaufstag. Gerade wegen der Gemüsemengen lohnt sich ein Einkauf auf dem Wochenmarkt. Das macht doppelt Spaß und die Ware ist günstig und frisch.

Sind alle Lebensmittel da, kann das ganz normale Samstagsprogramm starten – du musst noch gar nichts tun, kannst mit Freunden essen gehen oder grillen und feiern. Erst am Sonntag wird gepreppt.

Mein Tipp: Lies dir die To-do-Liste gründlich durch, bevor du mit dem Kochen startest! Suche alle Lebensmittel, die du brauchst, zusammen – so geht es einfach am schnellsten.

Morgens Frühstück der Woche, mittags zum Mitnehmen, abends warm

Feste Mahlzeiten sind ebenso wichtig wie Esspausen. Das verhindert Heißhunger und erhält die Leistungsfähigkeit. Und in den Esspausen werden die Fettpolster abgebaut. Jede Woche gibt es **morgens** ein festes Frühstück. Du kannst diese Frühstücke untereinander austauschen, denn es gibt Müsli- und Brotvarianten, süße und pikante Wochen. Wer tauscht, muss in jedem Fall die Einkaufsliste entsprechend ändern. Denn da sind die Frühstückszutaten enthalten. Bei jeder Woche gibt es auch eine kleine Variante. Aber du sparst Zeit, wenn du die ganze Woche beim Standardfrühstück bleibst.

Mittags gibt es Essen aus der Lunchbox. Alle Mahlzeiten schmecken kalt, bei manchen ist es aber toll, wenn am Arbeitsplatz eine Mikrowelle oder ein Herd vorhanden ist, um das Essen aufzuwärmen – gerade in der kalten Jahreszeit tut das gut. Manchmal reicht ein Wasserkocher, um etwas aufzubrühen. Nutze in jedem Fall die Mittagspause, um in Ruhe zu genießen!

Abends was Warmes: Kein Problem mit Meal Prep! Einfach erhitzen – auf dem Herd, im Ofen oder in der Mikrowelle! Am besten, das passiert 2 bis 3 Stunden vor dem Zubettgehen, damit der Körper noch Zeit zum Verdauen hat.

Und was gibt es zu **trinken?** Kaffee oder Tee ist prima. Wer unbedingt süßen will, sollte Erythrit versuchen. Ein Tropfen Honig im Tee ist auch okay. Und für den Kaffee Milch (1,5 %) oder pflanzliche Alternativen wählen. Nur wenn es deutlich genannt wird – zum Beispiel in Woche 2 –, ist morgens ein Milchkaffee drin. Das Wasser kann mit Zitrone oder frischen Kräutern aromatisiert werden.

Fruchtsäfte oder Alkohol lieber lassen, das würde die ganze Diät aus dem Lot bringen und den Detox-Effekt stören. Beides lässt den Blutzucker explodieren und sorgt für eine Menge Kalorien, die uns aber nicht satt machen. Insgesamt reichen 1,5 Liter Flüssigkeit am Tag – und Trinken hilft auch, die Esspausen durchzuhalten! Denn die sind nämlich wirklich essenziell.

DEIN OPTIMALER PREP-VORRAT

Es ist sinnvoll, einige Lebensmittel für die Prep-Diät vorrätig zu haben, da du sie immer wieder brauchst. Mit diesen Lebensmitteln im Schrank bist du optimal vorbereitet und kannst direkt mit der ersten Meal-Prep-Woche starten. Aber keine Panik! Wenn beim Loskochen doch etwas fehlt: Schaue auf der Austauschliste, ob du das Fehlende nicht ersetzen kannst.

Aus dem Vorrat

Lasagneblätter
Knäckebrot oder Grissini
Getreide *(Buchweizen, glutenfreie zarte und kernige Haferflocken, gepuffter Amaranth)*
Mehl *(Dinkelvollkornmehl, Dinkelmehl Type 630 und 1050, Weizenmehl Type 1050)*
Vollkornsemmelbrösel
Reis *(Risottoreis, Vollkorn-Rundkornreis, Parboiled Vollkornreis)*

Samen *(ungeschälte schwarze und braune Sesamsamen, Goldleinsamen, Fenchelsamen)*
Kerne *(Sonnenblumenkerne, Kürbiskerne)*
Nüsse *(Cashewkerne, braune und gemahlene Mandelkerne, Walnusskerne, Haselnusskerne, gesalzene, geröstete Erdnusskerne)*
Hülsenfrüchte *(rote Linsen, grüne oder schwarze Linsen, getrocknete Kichererbsen)*

Rapsöl, Olivenöl
Balsamico-Essig, Weißweinessig
Meerrettich im Glas
Senf *(körniger Senf, Dijonsenf)*
Tomatenmark
Ajvar
glutenfreie Sojasauce

Gewürze *(Salz, Pfeffer, edelsüßes und scharfes Paprikapulver, gemahlener Zimt, gemahlene Vanille, Kurkuma, Cayennepfeffer, Chiliflocken oder -pulver, geriebene Muskatnuss, gemahlener Piment, gemahlener Kreuzkümmel, gemahlener Koriander)*

getrocknete Kräuter *(Thymian, Rosmarinnadeln, Kräuter der Provence, italienische Kräuter, Lorbeerblätter)*

Instant-Gemüsebrühe
entöltes Kakaopulver
Kakaonibs
Backpulver

ungesüßter Mandeldrink

Puderzucker
Süßungsmittel *(Erythrit, unraffinierter Zucker, Rohrzucker, Honig, Kleehonig)*
Kaffeepulver und Teesorten *(Minzetee, Chai)*

Konserven

Kokosmilch light *(10 %)*
weiße Bohnen
rote Bohnen
Kichererbsen
stückige Tomaten, ganze Tomaten

FAQS

Solltest du weitere Fragen haben, dann frage mich gern – per E-Mail, Instagram oder Facebook. Ich beantworte sie so schnell wie möglich!

Was esse ich Samstag und Sonntag?
Wer die Woche preppt, muss es am Wochenende nicht so genau nehmen. Gönn dir eine kleine Prep-Pause!

Das Wochenende läuft anders ab als der Rest der Woche: Man schläft länger, geht später ins Bett, trifft Freunde – und das ist häufig mit gemeinsamem Essen verbunden. Da wäre es doch ein echter Stimmungskiller, immer mit der Prep-Box anzukommen.

Du wirst es merken: Dein Magen, dein Körper gewöhnt sich an die Portionen und den Rhythmus unter der Woche. Du wirst keinen Heißhunger mehr haben und musst also auch keine Fressattacken mehr fürchten.

Aber klar: Samstag ist Einkaufstag. Und wer möchte, kann sich dabei auch fürs Wochenende versorgen, zum Beispiel etwas mehr Gemüse kaufen und abends im Wok kurz braten.

Werden Männer bei der Diät auch satt?
Liebe Männer, die Frage ist berechtigt. Denn Männer haben einen höheren Energiebedarf als Frauen, weil sie von Natur aus mehr Muskeln und weniger Fettgewebe haben – selbst wenn sie unsportlich sind. Am einfachsten ist, die Frühstücksportion zu verdoppeln. Dann habt ihr etwa 300 bis 350 Kalorien mehr pro Tag und das entspricht etwa eurem Mehrbedarf. Oder aber ihr gönnt euch täglich eine Zulage von 300 bis 400 Kalorien, die zum Mittag- oder Abendessen gegessen wird. Das können Fisch, ein Steak, ein Hühnerbein, zwei Wiener oder Veggie-Bratlinge sein. In jedem Fall die Kalorien checken und das Extra beim Einkauf berücksichtigen!

Was mache ich bei Blähungen?
Gemüse, Vollkornprodukte, Hülsenfrüchte und Kerne enthalten eine Menge Ballaststoffe. Wer das gar nicht gewöhnt ist, bei dem kann das anfangs zu Blähungen und „Magenwinden“ führen. Obwohl das seltener vorkommt, wenn man gleichzeitig Zucker meidet. Gewürze wie Fenchel, Dill, Anis, Kümmel, aber auch Kreuzkümmel, Koriander und Curry entspannen den Magen und beugen Blähungen vor. Auch Tees aus Fenchel, Anis, Kamille oder Pfefferminze helfen. Bauchgymnastik, Bewegung und Sport lösen Verspannungen im Darm und befreien von zu viel Luft. Ein warmes Kirschkern- oder Dinkelsäckchen, eine

Wärmflasche auf dem Bauch oder ein entspannendes Lavendelbad hilft ebenfalls.

Ich werde nicht satt.
Wirklich? Aber okay – wer tatsächlich alles aufisst und trotzdem Hunger hat, sollte als Vorspeise zusätzlich rohes Gemüse essen und als Nachtisch eine Handvoll Mandeln. Auf keinen Fall zwischendurch snacken! Lieber den einzelnen Mahlzeiten 1 TL mehr Fett zugeben – das trägt auch zur Sättigung bei. Und nach und nach diese Extras ausschleichen: Der Körper muss sich erst an kleinere Mengen gewöhnen. Wer viel Übergewicht hat, der kann das Frühstück erhöhen – das ist von der Vorbereitung her einfach. Denn Übergewichtige haben eine größere Körpermasse zu versorgen und der Bedarf sinkt dann nur langsam mit dem Gewicht. Abgesehen davon: Ablenkung tut gut – wer unterwegs ist, sportelt, sich verabredet (nicht zum Essen) und im Garten aktiv ist, der denkt nicht mehr so viel ans Essen.

Ich bekomme abends Heißhunger.
Das ist oft Gewohnheit – aber immer kritisch. Denn was man abends vor dem Kühlschrank isst, das liegt wie Blei im Magen und wird eben nicht verstoffwechselt. Oft liegt es daran, dass wir Müdigkeit mit Hunger verwechseln und Erschöpfung mit Essen beheben wollen. Das aber geht schief. Am besten kurz spazieren gehen, an Lavendel oder Parfüm riechen, einen beruhigenden Tee trinken und dann ganz schnell ins Bett gehen. Erstaunlicherweise haben wir ja keinen Hunger, wenn wir schlafen!

Kann ich ein Prep-Gericht auch extra kochen?
Natürlich! Aber es geht dann nicht ganz so schnell. Du findest die Prep-Vorbereitung zu jedem Rezept auf der Sonntags-Kochseite der entsprechenden Woche. Wahrscheinlich brauchst du nur eine kleinere Prep-Portion und musst ein bisschen umrechnen. Sei großzügig – gerade bei Gemüse kommt es nicht aufs Gramm an!

Jetzt wünsche ich dir viel Spaß mit meinen Prep-Wochen. Und viel Erfolg beim gesunden Abspecken!

1 VEGGIE-WOCHE MIT WURZELGEMÜSE

Kräftiges Gemüse, Linsen, Falafeln, Kartoffeln und Feldsalat machen diese Woche zum herzhaften Genuss. Vorteil: Die Kohlenhydrate in Kartoffeln und Wurzeln werden durchs Vorgaren teilweise zu Ballaststoffen – das macht satt und schlank. Das gilt übrigens auch für die Mie-Nudeln. Wer mag, kann extraviel Feldsalat oder Knabberwurzeln einplanen. Wer sein Porridge morgens lieber warm isst, erhitzt den Müslimix ganz kurz. Und wer eine Gemüsesorte gar nicht mag oder bekommt, kann sie mithilfe der Tauschtabelle ersetzen.

WOCHEN-SPEISEPLAN 1

Frühstück

Buchweizen-Porridge mit Obst

To go

At home

Montag

Gemüsemix mit Falafeln und Kräuterquark

Asia One Pot

25

25

Dienstag

Kartoffelschichttopf

Nudeln mit cremiger Gemüsesauce und Salat

27

27

Mittwoch

Gemüsecremesuppe to go

Gemüse-Buchweizen-Gratin

29

29

Donnerstag

Linsen-Brokkoli-Schichtsalat

Nudelpfanne

31

31

Freitag

Nudel-Gemüse-Bowl mit Falafeln

Smashed Potatoes mit Avocado-Kräuterquark

33

33

Samstags einkaufen

Einkaufsliste für 1 Person

Gemüse, Kräuter und Obst

650 g Süßkartoffeln
600 g bunte Beten (oder Rote Beten)
550 g Brokkoli
700 g Kartoffeln
1 Bund Suppengrün
1 Bund Frühlingszwiebeln
180 g Feldsalat
1 Bund glatte Petersilie
1 große Avocado (ca. 250 g)
2–3 Biozitronen
1 Granatapfel (ca. 300 g)
5 Obstportionen à ca. 120 g (Apfel oder Zitrusfrüchte)

Frischprodukte

3 Eier (Größe M)
ca. 170 g Magerquark
500 ml Buttermilch
120 g Feta light (9 %)

Lagerprodukte

160 g Mie-Nudeln
125 g Kichererbsenmehl

Aus dem Vorrat

225 g Buchweizen
100 g glutenfreie zarte oder kernige Haferflocken
75 g Cashewkerne
110 g rote Linsen
Rapsöl
glutenfreie Sojasauce
Dijonsenf
Salz, Pfeffer
gemahlener Zimt, gemahlene Vanille oder entöltes Kakaopulver
gemahlene Kurkuma
gemahlener Koriander
gemahlener Kreuzkümmel (Cumin)
Paprikapulver
geriebene Muskatnuss
getrockneter Thymian
Backpulver
200 ml Kokosmilch light (10 %)

www.mengenrechner.de

- Diätwoche auf mehrere Personen umrechnen
- Einkaufsliste aufs Handy holen

Tauschmöglichkeiten

Süßkartoffel	gegen	Karotten, Hokkaido-Kürbis
Brokkoli	gegen	Rosenkohl (30 Min. mitgaren), Blumenkohl
Beten	gegen	Pastinaken, Rüben
Feldsalat	gegen	Babyspinat
Granatapfel	gegen	Zitrusfrucht
getrockneter Thymian	gegen	Kräuter der Provence

Für vegane Varianten tauschen

1 Ei	gegen	3 TL Semmelbrösel
Magerquark	gegen	vegane Quark-Alternative
Buttermilch	gegen	ungesüßten Mandeldrink
120 g Feta	gegen	105 g veganen Reibekäse

Frühstück Woche 1

Buchweizen-Porridge mit Obst

vegetarisch, glutenfrei,
frei von raffiniertem Zucker

Buchweizen ist geröstet gut verträglich und bekommt einen nussigen Geschmack. Auch den Cashewkernen tut das Rösten gut. Die Gewürze sorgen außerdem für ein süßliches Aroma.

To do 1 Portion **Prep-Müsli** >> Seite 22 mit 100 ml **Buttermilch** übergießen. Eine klein geschnittene **Obstportion** dazugeben. Granatapfelkerne als Topping bringen gute Laune.

TIPP Die Müslimischung am Vorabend mit der Buttermilch angießen und über Nacht quellen lassen. Wer es warm mag, kurz erhitzen.

Zubereitungszeit: 10 Min.

Nährwerte pro Portion

ca. 261 kcal, F 7 g, KH 37 g, EW 10 g, BS 5 g

Am Meal-Prep-Tag

SONNTAGS IN DER KÜCHE

Gesamtzeit der Vorbereitung: 2 Std. 15 Min.

>> SO GEHT'S AM SCHNELLSTEN

1. Backofen auf 180 °C Umluft vorheizen.
2. Masse für Prep-Falafeln vorbereiten.
3. Inzwischen Prep-Linsen kochen.
4. Prep-Buchweizen rösten.
5. Prep-Falafeln formen und backen.
6. Prep-Petersilie hacken.
7. Prep-Feldsalat waschen.
8. Prep-Müsli rösten.
9. Inzwischen Prep-Ofengemüse zubereiten.
10. Prep-Brühe kochen.
11. Prep-Pellkartoffeln garen.
12. Zwischendurch Brokkoli zum Prep-Ofengemüse geben.
13. Inzwischen Prep-Frühlingszwiebeln schneiden.
14. Prep-Dressing zubereiten.
15. Prep-Kräuterquark mischen.
16. Prep-Pellkartoffeln pellen.

Im Ofen garen

Prep-Falafeln 125 g **Kichererbsenmehl** sieben und mit je ½ TL **Kurkuma, Salz** und **Pfeffer,** je 1 TL **Koriander** und **Kreuzkümmel** sowie 5 g **Backpulver** mischen. Nun etwa 160 ml kochendes Wasser einrühren, 1–2 EL **Quark** unterziehen, etwa 15 Min. quellen lassen. Backblech mit Backpapier auslegen, mit 1 EL **Rapsöl** bestreichen. Eine 2 cm dicke Rolle formen und in 17–18 etwa 1 cm dicke Scheiben schneiden. Auf dem Blech im Öl wenden und im vorgeheizten Ofen bei 180 °C Umluft 15–20 Min. goldgelb backen. Kühl lagern.

Prep-Müsli Je 100 g **Haferflocken** und **Buchweizen** mit 50 g gehackten **Cashewkernen** und nach Belieben mit ½ TL **Zimt, Vanille** oder **Kakao** auf einem Blech mischen. Im vorgeheizten Ofen bei 180 °C Umluft etwa 15 Min. rösten. Trocken lagern. Für 5 Portionen.

Prep-Gemüse Ofen auf 200 °C Umluft regeln. 650 g **Süßkartoffeln** schälen und halbieren. 600 g **Beten** schälen und vierteln. 550 g **Brokkoli** putzen, Röschen abschneiden. „Abfälle" für die Brühe beiseitelegen. Süßkartoffeln und Beten auf einem Blech verteilen, mit

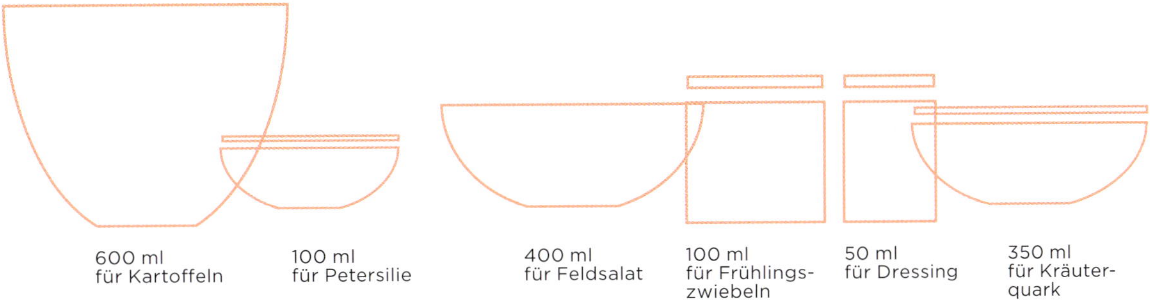

2 EL **Rapsöl** mischen, **salzen, pfeffern,** im vorgeheizten Ofen bei 200 °C etwa 45 Min. backen. Brokkoli mit 1 EL **Rapsöl** mischen, **salzen, pfeffern,** nach 20 Min. zugeben und mitgaren. Kalt stellen.

Auf dem Herd

Prep-Linsen 110 g **Linsen** in der doppelten Menge Wasser etwa 10 Min. weich kochen. Kühl lagern.

Prep-Buchweizen Den restlichen **Buchweizen** (125 g) in einer Pfanne ohne Fettzugabe rösten. In einer Box trocken lagern.

Prep-Brühe Für die Brühe 1 Bund **Suppengrün** putzen und grob zerkleinern. Mit Gemüseabfällen (siehe Prep-Ofengemüse) sowie Petersilienstielen (siehe Prep-Petersilie) in 1 EL **Rapsöl** kurz andünsten, mit 1–2 EL glutenfreier **Sojasauce** und **Pfeffer** würzen, 1,25 l Wasser angießen und abgedeckt etwa 30 Min. simmern lassen. Brühe (gut 1 l) abseihen und gut verschlossen kalt stellen.

Prep-Kartoffeln 700 g **Kartoffeln** waschen und ungeschält in wenig Wasser etwa 25 Min. garen. Pellen, abkühlen lassen, kalt stellen.

Fix gemacht

Prep-Petersilie 1 Bund **Petersilie** abbrausen, Blätter hacken, luftdicht und kühl lagern. (Stiele werden für die Prep-Brühe gebraucht.)

Prep-Feldsalat 180 g **Feldsalat** waschen, mit 1–2 EL **Zitronensaft** mischen, kühl lagern.

Prep-Frühlingszwiebeln 1 Bund **Frühlingszwiebeln** putzen, in dünne Ringe schneiden, luftdicht und kühl lagern.

Prep-Dressing 2 EL Prep-Petersilie, 2–3 EL **Zitronensaft,** 1 TL **Zitronenabrieb,** 1–2 TL glutenfreie **Sojasauce,** 2 EL **Rapsöl** und 1–2 EL **Senf** mit 150 ml Wasser in ein Schraubglas füllen, mit **Salz, Pfeffer** und **Paprikapulver** abschmecken, kräftig schütteln, kühl lagern.

Prep-Kräuterquark Restlichen **Quark** (etwa 120 g) mit 1 TL **Rapsöl** und etwas Wasser cremig rühren. Je 1–2 EL Prep-Frühlingszwiebeln und Prep-Petersilie unterheben. Kräftig abschmecken, kühl lagern.

Woche 1
Montag

Gemüsemix mit Falafeln und Kräuterquark

Asia One Pot

Ofengemüse und Falafeln schmecken mittags kalt und warm – natürlich mit leckerem Kräuterquark. Abends gibt es einen asiatisch-scharfen Eintopf mit Kokosmilch. Zwischendurch hungrig? Gemüse oder Mandeln knabbern – und Tee trinken.

Montagmittag

Gemüsemix mit Falafeln und Kräuterquark

vegetarisch, glutenfrei, frei von raffiniertem Zucker

175 g Prep-Ofengemüse
75 g Prep-Pellkartoffeln
6 Prep-Falafeln
80 g Prep-Kräuterquark

To do **Ofengemüse, Pellkartoffeln** und **Falafeln** in eine Lunchbox füllen. **Kräuterquark** extra mitnehmen.

To go Nach Belieben Gemüse, Kartoffeln und Falafeln erwärmen. Mit Kräuterquark genießen.

TIPP Wenn du bei der Aufteilung des Ofengemüses ganz genau sein möchtest, benötigst du in dieser Woche nacheinander folgendes Prep-Ofengemüse: 175 g gemischt, 150 g Brokkoli, 100 g Süßkartoffeln, 400 g gemischt, 200 g gemischt, 100 g Brokkoli, 150 g Süßkartoffeln und zum Schluss 100 g Süßkartoffeln und 100 g Beten.

Zubereitungszeit: 5 Min.

Nährwerte pro Portion

ca. 434 kcal, F 12 g, KH 62 g, EW 25 g, BS 16 g

Montagabend

Asia One Pot

vegan, laktosefrei, glutenfrei, frei von raffiniertem Zucker

200 g Prep-Pellkartoffeln
150 g Brokkoli vom Prep-Ofengemüse
25 g Cashewkerne
70 g Prep-Linsen
150 ml Prep-Brühe
50 ml Kokosmilch light (10 %)
Salz, Pfeffer
gemahlener Koriander
gemahlener Kreuzkümmel
2 EL Prep-Frühlingszwiebeln

At home

1 **Pellkartoffeln** würfeln. **Brokkoliröschen** halbieren.
2 **Cashewkerne** rösten. Kartoffeln, Brokkoli und **Linsen** zugeben, kurz braten. **Brühe** und **Kokosmilch** dazugießen, aufkochen, mit **Salz, Pfeffer** und **Gewürzen** abschmecken und mit **Frühlingszwiebeln** bestreuen.

TIPP Statt Cashews 60 g Feta oder 100 g Tofu oder Garnelen verwenden.

Zubereitungszeit: 5 Min.
Garzeit: 10 Min.

Nährwerte pro Portion

ca. 499 kcal, F 22 g, KH 50 g, EW 19 g, BS 10 g

Kartoffelschichttopf

Woche 1
Dienstag

Nudeln mit cremiger Gemüsesauce und Salat

Mittags macht der mit heißer oder kalter Brühe aufgefüllte Kartoffelschichtsalat satt. Abends gibt es Nudeln mit sahnig-cremiger Gemüsesauce – auf Vorrat püriert, denn die Hälfte ist für den nächsten Mittag.

Dienstagmittag

Kartoffelschichttopf

vegetarisch, glutenfrei, frei von raffiniertem Zucker

150 g Prep-Pellkartoffeln
100 g Süßkartoffeln vom Prep-Ofengemüse
40 g Feta light (9 %)
110 g Prep-Linsen
2 EL Prep-Frühlingszwiebeln
30 g Prep-Feldsalat
250 ml Prep-Brühe

To do **Pellkartoffeln** halbieren und in Scheiben schneiden. **Süßkartoffeln** und **Feta** würfeln. Alles mit **Linsen** und **Frühlingszwiebeln** abwechselnd in ein Glas schichten, zum Schluss den **Feldsalat** dazwischenstecken und kalt stellen. **Brühe** extra abfüllen.

To go Die Brühe erhitzen und über den Schichtsalat gießen. Alternativ heiße Brühe in einer Thermoskanne mitnehmen.

Zubereitungszeit: 10 Min.
Garzeit: 5 Min.

Nährwerte pro Portion

ca. 409 kcal, F 8 g, KH 58 g, EW 20 g, BS 8 g

Dienstagabend

Nudeln mit cremiger Gemüsesauce und Salat

vegan, laktosefrei, frei von raffiniertem Zucker

50 g Mie-Nudeln
400 g Prep-Ofengemüse
400 ml Prep-Brühe
100 ml Kokosmilch light (10 %)
~~2 EL Prep-Buchweizen~~
1 Handvoll Prep-Feldsalat (50 g)
3 EL Prep-Dressing

At home

1 Die **Mie-Nudeln** mit 200 ml kochendem Wasser überbrühen und dann nach 5 Min. abgießen.

2 Inzwischen **Gemüse** mit etwas **Brühe** cremig pürieren. Restliche **Brühe** und **Kokosmilch** nach und nach zugeben. Die Hälfte der Sauce in einen To-go-Becher füllen und für Mittwochmittag kalt stellen. Den Rest mit den Nudeln mischen und mit **Buchweizen** toppen. **Salat** mit **Dressing** mischen, zum Nudelgericht genießen.

TIPP Statt Kokosmilch 70 g leichte Sojacreme oder 50 g saure Sahne nehmen.

Zubereitungszeit: 10 Min.
Garzeit: 5 Min.

Nährwerte pro Portion

ca. 582 kcal, F 14 g, KH 92 g, EW 15 g, BS 10 g

Woche 1
Mittwoch

Gemüsecremesuppe to go

Gemüse-Buchweizen-Gratin

Die zweite Portion Gemüsesauce vom Vortag wird zur Suppe und macht mit Falafeln satt. Abends gibt es ein Gemüse-Buchweizen-Gratin, saftig durch Kokosmilch.

Mittwochmittag

Gemüsecremesuppe to go

vegetarisch, glutenfrei,
frei von raffiniertem Zucker

cremige Gemüsesauce
 (siehe Dienstagabend)
100 ml Prep-Brühe
1–2 EL Prep-Petersilie
1 EL Prep-Buchweizen
5 Prep-Falafeln
1 EL Granatapfelkerne

To do **Sauce** mit **Brühe** auf Suppenstärke verdünnen, mit **Petersilie** verfeinern. Den **Buchweizen** in die Suppe rühren. **Falafeln** und **Granatapfelkerne** separat mitnehmen.

To go Falafeln in die Suppe geben und erhitzen. Mit Granatapfel toppen.

Zubereitungszeit: 10 Min.

Nährwerte pro Portion

ca. 452 kcal, F 15 g, KH 68 g, EW 15 g, BS 14 g

Mittwochabend

Gemüse-Buchweizen-Gratin

vegetarisch, glutenfrei,
frei von raffiniertem Zucker

50 g Prep-Buchweizen
200 g Prep-Ofengemüse
2 Eier (Größe M)
50 ml Kokosmilch light (10 %)
Salz, Pfeffer
Paprikapulver
40 g Feta light (9 %)
1 EL Prep-Petersilie

At home

1 **Buchweizen** und **Ofengemüse** in einer Auflaufform mischen. **Eier** mit **Kokosmilch** verquirlen und mit **Salz, Pfeffer** und **Paprikapulver** würzen.

2 Gemüse mit der Eiermilch übergießen, zerkrümelten **Feta** darüberstreuen und im vorgeheizten Ofen bei 200 °C etwa 15 Min. garen. Mit **Petersilie** bestreut genießen.

TIPP 50 g fettarme Sojacreme statt Eiermilch verwenden und mit 1 EL Sesamsamen bestreuen.

Zubereitungszeit: 5 Min.
Backzeit: 15 Min.

Nährwerte pro Portion

ca. 580 kcal, F 25 g, KH 49 g, EW 34 g, BS 7 g

Woche 1
Donnerstag

Linsen-Brokkoli-Schichtsalat

Nudelpfanne

Kalt und köstlich ist der Linsen-Brokkoli-Schichtsalat mit Buchweizen, Avocado und Granatapfelkernen. Abends gibt es zu gebratenen Nudeln mit Süßkartoffeln einen leckeren Feldsalat mit Avocado und Feta.

Donnerstagmittag

Linsen-Brokkoli-Schichtsalat

vegan, laktosefrei, glutenfrei, frei von raffiniertem Zucker

¼ Avocado (ca. 50 g Fruchtfleisch)
1 EL Prep-Buchweizen
2 EL Prep-Frühlingszwiebeln
100 g Brokkoli vom Prep-Ofengemüse
1 EL Granatapfelkerne
70 g Prep-Linsen
9–10 EL Prep-Dressing

To do Die **Avocado** schälen, würfeln, mit **Buchweizen, Frühlingszwiebeln, Brokkoli, Granatapfel** und **Linsen** in ein Glas schichten. **Dressing** extra abfüllen.

To go Salat mit Dressing übergießen und genießen.

Zubereitungszeit: 10 Min.

Nährwerte pro Portion

ca. 470 kcal, F 23 g, KH 41 g, EW 18 g, BS 12 g

Donnerstagabend

Nudelpfanne

vegetarisch, frei von raffiniertem Zucker

60 g Mie-Nudeln
150 g Süßkartoffeln vom Prep-Ofengemüse
2 EL Prep-Frühlingszwiebeln
1 EL Rapsöl
1 Ei (Größe M)
¼ Avocado (ca. 50 g Fruchtfleisch)
1 Handvoll Prep-Feldsalat (50 g)
2–3 EL Prep-Dressing
40 g Feta light (9 %)
2 EL Prep-Petersilie

At home

1 **Mie-Nudeln** mit 200 ml kochendem Wasser übergießen, quellen lassen, dann abgießen. **Süßkartoffeln** klein schneiden.

2 **Frühlingszwiebeln** und Nudeln im **Öl** anbraten. Süßkartoffeln zugeben. **Ei** in die Pfanne schlagen und stocken lassen.

3 Inzwischen die **Avocado** schälen, in Stücke schneiden und mit **Salat, Dressing** und zerbröseltem **Feta** mischen. Mit **Petersilie** bestreuen.

TIPP Die Stärke in den vorgegarten Mie-Nudeln wirkt wie Ballaststoffe und macht deshalb gut satt.

Zubereitungszeit: 15 Min.

Nährwerte pro Portion

ca. 475 kcal, F 27 g, KH 87 g, EW 19 g, BS 10 g

Nudel-Gemüse-
Bowl mit Falafeln
Woche 1
Freitag
Smashed Potatoes mit
Avocado-Kräuterquark

Jetzt wird aufgegessen! Mittags eine köstliche Nudel-Gemüse-Bowl mit Falafeln, abends leicht zerdrückte und geröstete Kartoffeln mit Avocado-Kräuterquark.

Freitagmittag

Nudel-Gemüse-Bowl mit Falafeln

vegetarisch, frei von raffiniertem Zucker

restliche Süßkartoffeln vom Prep-Ofengemüse (ca. 100 g)
restliche Beten vom Prep-Ofengemüse (ca. 100 g)
1 EL Prep-Buchweizen
3 Prep-Falafeln
restliche 2 EL Prep-Frühlingszwiebeln
50 g Mie-Nudeln
restliche 150 ml Prep-Brühe

To do **Süßkartoffeln** und **Beten** klein schneiden. Mit **Buchweizen, Falafeln, Frühlingszwiebeln** und **Mie-Nudeln** verpacken. **Brühe** extra abfüllen.

To go Brühe erhitzen, über die Nudel-Gemüse-Bowl gießen und etwa 5 Min. ziehen lassen. Alternativ heiße Brühe in einer Thermoskanne mitnehmen.

Zubereitungszeit: 10 Min.
Garzeit: 10 Min.

Nährwerte pro Portion

ca. 483 kcal, F 8 g, KH 86 g, EW 16 g, BS 14 g

Freitagabend

Smashed Potatoes mit Avocado-Kräuterquark

vegetarisch, glutenfrei, frei von raffiniertem Zucker

restliche Prep-Pellkartoffeln (ca. 250 g)
Salz, Pfeffer
½ TL geriebene Muskatnuss
½ TL getrockneter Thymian
½ Avocado (ca. 100 g Fruchtfleisch)
2 EL Zitronensaft
restliche 2 EL Prep-Kräuterquark (ca. 50 g)
restlicher Prep-Feldsalat (30 g)
restliche 4 EL Prep-Dressing
restliche 3–4 Prep-Falafeln

At home

1 **Kartoffeln** mit einem Stampfer vorsichtig platt drücken, mit **Salz, Pfeffer, Muskat** und **Thymian** würzen. In einer beschichteten Pfanne von beiden Seiten ohne Fettzugabe kurz rösten.

2 Die **Avocado** schälen, zerdrücken, mit **Zitronensaft, Salz, Pfeffer** und **Kräuterquark** mischen. **Feldsalat** mit **Dressing** mischen. Mit Kartoffeln und **Falafeln** genießen.

Zubereitungszeit: 15 Min.

Nährwerte pro Portion

ca. 540 kcal, F 23 g, KH 62 g, EW 20 g, BS 15 g

2 ITALIENWOCHE MIT LASAGNE, BOLO, PESTO UND RISOTTO

Süß und leicht: Melone satt zum Frühstück mit Knuspermandeln – kalorienfrei gezuckert mit Erythrit. Mittags und abends geht es südlich-deftig zu: Polpette, also italienische Hackklößchen, Lasagne, Bolognese und Risotto machen satt und alle Fans der italienischen Küche glücklich. Die typischen Gemüsesorten Zucchini, Tomaten, Paprika und Auberginen sorgen unbemerkt für die nötige Leichtigkeit: gegrillt als Antipastigemüse oder versteckt in Bolo, Lasagne und Spaghetti. Selbst wer keine Kochübung hat, macht damit eine „bella figura"!

WOCHEN-SPEISEPLAN 2

	Montag	Dienstag
Frühstück: Melone mit Mandelcrumble und Chai		
To go	Zucchini-Zaziki mit Polpette und Rohkost	Wrap mit Zucchini-Zaziki und Grillgemüse
At home	Zucchini-Lasagne mit Tomaten	Zucchini-Lasagne mit Salat

43

45

43

45

Mittwoch

Antipasti mit Polpette

Zucchini-Spaghetti mit Bolo-Sauce

47

47

Donnerstag

Bolo-Tomatensuppe

Risotto mit Pesto und Grillgemüse

49

49

Freitag

Wrap mit Pesto, Polpette und Tomaten

Risotto-Frittata mit Tomatensalat

51

51

Samstags einkaufen

Einkaufsliste für 1 Person

Gemüse, Kräuter und Obst

700 g kleine Zucchini
1 große Zucchini (ca. 250 g)
1 Aubergine (300 g)
1 große Lauchstange (ca. 300 g)
2 ½ rote und 1 gelbe Paprikaschote (à 250 g)
1 kleine Sellerieknolle (300–400 g)
2 Zwiebeln
2–3 Knoblauchzehen
3–4 große Tomaten
150 g Kirschtomaten
100 g Rucola
1 Handvoll Kopfsalatblätter
2 große Bund Basilikum
ca. 1,5 kg Wasser-, Charentais- oder Honigmelone

Frischprodukte

4 Eier (Größe M)
500 g Magerquark
700 ml fettarme Milch (1,5 %)
90 g geriebener Parmesan
300 g mageres Rinderhackfleisch

Lagerprodukte

40 g Vollkornspaghetti
300 ml Tomatensaft
4–6 Artischockenherzen aus der Dose

Aus dem Vorrat

5 Blätter Lasagne
2 Vollkorngrissini oder 1 Scheibe Knäckebrot
50 g glutenfreie zarte Haferflocken
50 g gepuffter Amaranth
60 g Weizen- oder Dinkelvollkornmehl
100 g Risottoreis
2–3 EL Sesamsamen
150 g braune Mandeln
30 g gemahlene Mandeln
ca. 120 ml Olivenöl
Tomatenmark
Salz, Pfeffer
gemahlener Zimt
getrocknete italienische Kräuter
getrockneter Thymian
Instant-Gemüsebrühe
50 g Erythrit
Chai oder Kaffeepulver

www.mengenrechner.de

- Diätwoche auf mehrere Personen umrechnen
- Einkaufsliste aufs Handy holen

Tauschmöglichkeiten

Rucola	gegen	Endiviensalat
Aubergine	gegen	Hokkaido-Kürbis
Melone	gegen	Orange
	Für vegane Varianten tauschen	
Prep-Wrap-Eierkuchen	gegen	das Ei durch 1 EL Sojamehl, mit 2–3 EL Wasser angerührt, ersetzen. Mehr Öl zum Braten nehmen.
Prep-Polpette	gegen	2 Prep-Falafeln (siehe Woche 1) pro Polpette
1 Ei	gegen	100 g Tofu, gewürzt mit Kala-Namak-Salz und Kurkuma oder Curry
Magerquark bzw. Milch	gegen	veganen Quark/Skyr bzw. ungesüßten Haferdrink
Parmesan	gegen	veganen Reibekäse

Frühstück Woche 2

Melone mit Mandelcrumble und Chai

vegetarisch, glutenfrei, frei von raffiniertem Zucker

Melone hat sehr wenige Kalorien, deshalb dürfen es pro Tag 200 g netto sein.

To do 2–3 **Melonenspalten** entkernen, Fruchtfleisch (etwa 200 g) von der Schale schneiden und in mundgerechte Stücke teilen. Mit 1 Portion **Prep-Mandelcrumble** (etwa 45 g) >> Seite 41 bestreuen. Dazu einen **Chai** oder einen **Latte macchiato** (mit 125 ml **Milch)** genießen.

TIPP Wer es pikant mag, isst zur Melone statt des Crumbles pro Mahlzeit 3 Scheiben luftgetrockneten Schinken sowie 3 Scheiben Finn Crisp.

Zubereitungszeit: 5 Min.

Nährwerte pro Portion

ca. 294 kcal, F 18 g, KH 16 g, EW 10 g, BS 4 g

Am Meal-Prep-Tag

SONNTAGS IN DER KÜCHE

Gesamtzeit der Vorbereitung 1 Std. 55 Min.

>> SO GEHT'S AM SCHNELLSTEN

1. Backofen auf 220 °C Umluft vorheizen.
2. Prep-Polpette zubereiten.
3. Prep-Grillgemüse backen.
4. Prep-Bolo-Hack braten.
5. Teig für Prep-Wrap-Eierkuchen vorbereiten.
6. Während der Teigquellzeit Prep-Mandelcrumble rösten.
7. Prep-Wrap-Eierkuchen backen.
8. Prep-Zucchini-Zaziki mischen.
9. Prep-Pesto mixen.
10. Prep-Lasagne zubereiten.

Im Ofen garen

Prep-Polpette 1 **Zwiebel** und 1 **Knoblauchzehe** schälen und fein hacken. ½ **Sellerieknolle** (150–200 g) schälen, waschen und fein raspeln. Alles in eine Schüssel geben, 150 g mageres **Rinderhack,** 1 **Ei,** 100 g **Magerquark,** 50 g zarte **Haferflocken, Salz, Pfeffer** und **italienische Kräuter** zugeben und zu einer glatten Masse kneten. Etwa 17 flache Buletten formen, auf ein Blech setzen und im vorgeheizten Ofen bei 220 °C 8–10 Min. backen. Abgekühlt in eine Box geben.

Prep-Grillgemüse 1 **Aubergine** (300 g) waschen, putzen und 1 cm groß würfeln. 2 **rote** und 1 **gelbe Paprikaschote** (à 250 g) waschen, entkernen und in fingerdicke Streifen schneiden. In eine Schüssel geben, mit 1 TL **Thymian,** 2 EL **Olivenöl, Salz** und **Pfeffer** vermischen, auf ein Blech geben, im Ofen bei 220 °C 10–15 Min. backen, bis das Gemüse bräunt. Abgekühlt in eine Box geben.

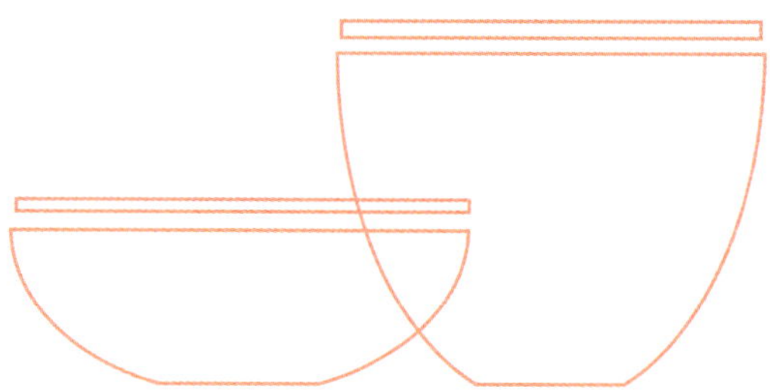

600 ml für Polpette

750 ml für Gemüse

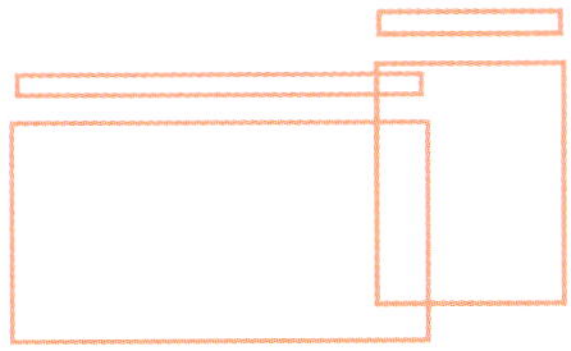

450 ml
für Bolo-Hack

250 ml
für Mandel-
crumble

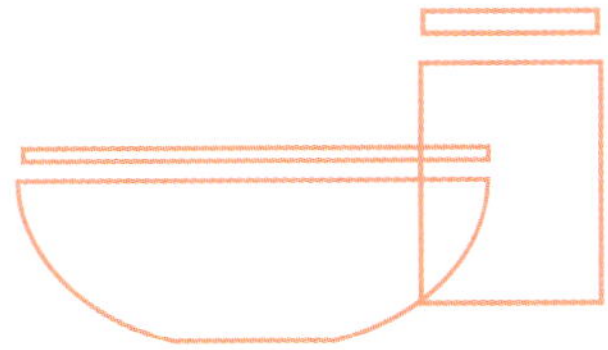

450 ml
für Zaziki

250 ml
für Pesto

Auf dem Herd

Prep-Bolo-Hack 1 **Lauchstange** (etwa 300 g) waschen, längs in schmale Streifen, quer in Würfel schneiden. Restliche ½ **Sellerieknolle** waschen, schälen und fein raspeln. Beides in 1 EL **Olivenöl** anbraten, restliche 150 g **Rinderhack** zugeben, **salzen, pfeffern,** 2 EL **Tomatenmark** hinzufügen und krümelig braun braten. Für 2 Portionen.

Prep-Wrap-Eierkuchen 1 **Ei** mit 60 g **Weizen-** oder **Dinkelvollkornmehl, Salz** und etwas Wasser zu dickflüssigem Teig verrühren und 10–15 Min. quellen lassen, eventuell noch verdünnen. In einer beschichteten Pfanne (Ø 27 cm) nacheinander mit je 1 TL **Olivenöl** zwei Pfannkuchen ausbacken. Abgekühlt aufeinanderlegen, aufrollen, in Frischhaltefolie schlagen, kalt stellen.

Prep-Mandelcrumble 150 g **Mandeln** grob hacken. 50 g **Erythrit** in einer beschichteten Pfanne schmelzen. Mandeln, 50 g gepufften **Amaranth** und ½ TL **Zimt** untermischen, kurz rösten. Auf einem Brett abkühlen lassen, in ein Schraubglas füllen. Für 5 Portionen.

Fix gemacht

Prep-Zucchini-Zaziki 200 g kleine **Zucchini** waschen, in Julienne-Streifen hobeln. Mit 150 g **Magerquark,** 1 EL **Olivenöl,** 1–2 geschälten, fein gehackten **Knoblauchzehen, Salz** und **Pfeffer** mischen. In eine Box füllen, kalt stellen.

Prep-Pesto 2 große Bund **Basilikum** waschen, die Blätter mit 30 g gemahlenen **Mandeln,** 30 g **Parmesan** und 2 EL **Olivenöl** fein pürieren, leicht **salzen,** eventuell Wasser zugeben.

Prep-Lasagne 300 g **Magerquark** mit etwa 50 ml **Milch** (1,5 %), 2 EL **Prep-Pesto, Salz** und **Pfeffer** verquirlen. Restliche 500 g **Zucchini** waschen, in dünne Scheiben hobeln. Ein Drittel Zucchinischeiben in eine Auflaufform (20 × 20 cm) legen, ein Drittel Pesto-Quarkmilch darübergießen und mit einem halben **Lasagneblatt** belegen. Auf die gleiche Weise weiterschichten und mit Quarkmilch enden. Mit Frischhaltefolie abdecken, kalt stellen.

Woche 2 Montag

Zucchini-Zaziki mit Polpette und Rohkost

Zucchini-Lasagne mit Tomaten

Zaziki mit Zucchini statt Gurke schmeckt wunderbar nussig und bleibt lange frisch. Dazu gibt es mittags Hackklößchen und rohe Paprika. Abends die vorbereitete Lasagne in den Ofen schieben, aber nur die Hälfte essen! Mit Tomaten als Rohkost genießen.

Montagmittag

Zucchini-Zaziki mit Polpette und Rohkost

glutenfrei, frei von raffiniertem Zucker

½ rote Paprikaschote
7 Prep-Polpette
½ Prep-Zucchini-Zaziki

To do **Paprika** waschen, entkernen, in Streifen schneiden und mit **Polpette** und **Zaziki** - am besten getrennt - in eine Bentobox füllen.

To go Die Polpette nach Belieben erwärmen und mit Paprika und Zaziki genießen.

Zubereitungszeit: 5 Min.

Nährwerte pro Portion

ca. 441 kcal, F 18 g, KH 25 g, EW 39 g, BS 7 g

Montagabend

Zucchini-Lasagne mit Tomaten

vegetarisch, frei von raffiniertem Zucker

1 Prep-Lasagne
4 EL geriebener Parmesan (40 g)
1–2 Tomaten
Salz, Pfeffer

At home

1 Den Backofen auf 180 °C vorheizen. Die **Lasagne** mit **Parmesan** bestreuen und im vorgeheizten Ofen etwa 30 Min. backen.

2 Die **Tomaten** waschen, in Scheiben schneiden, **salzen** und **pfeffern.** Zur Hälfte der Lasagne essen.

TIPP Nur die Hälfte der Lasagne essen, der Rest ist für morgen!

Zubereitungszeit: 5 Min.
Backzeit: ca. 30 Min.

Nährwerte pro Portion

ca. 487 kcal, F 12 g, KH 61 g, EW 31 g, BS 7 g

Woche 2 Dienstag

Wrap mit Zucchini-Zaziki und Grillgemüse

Zucchini-Lasagne mit Salat

Rolle dir einen saftigen Wrap mit Zaziki und Grillgemüse! Wer die Fladen nicht selbst machen möchte, nimmt fertige, die etwa 180 kcal enthalten. Abends dann einfach die übrige Lasagne aufwärmen und dazu mit Pesto angemachten Salat genießen.

Dienstagmittag

Wrap mit Zucchini-Zaziki und Grillgemüse

vegetarisch, frei von raffiniertem Zucker

1 Handvoll Rucola
1 Prep-Wrap-Eierkuchen
½ Prep-Zucchini-Zaziki
ca. 100 g Prep-Grillgemüse
2–3 EL Sesamsamen

To do **Rucola** waschen und trocken schütteln. **Eierkuchen** aus der Folie nehmen, mit **Zaziki** bestreichen, dann Rucola darauf verteilen. **Grillgemüse** und **Sesamsamen** ebenfalls daraufgeben. Eng in Butterbrotpapier wickeln, in der Mitte durchschneiden und in eine Lunchbox geben.

To go Einfach frisch aus der Box genießen.

Zubereitungszeit: 10 Min.

Nährwerte pro Portion

ca. 464 kcal, F 26 g, KH 28 g, EW 25 g, BS 8 g

Dienstagabend

Zucchini-Lasagne mit Salat

vegetarisch, frei von raffiniertem Zucker

restliche Prep-Lasagne (siehe Montagabend)
1 Handvoll Kopfsalatblätter
1 TL Prep-Pesto

At home

1 Die **Lasagne** aufwärmen, am besten in der Mikrowelle.

2 **Salat** waschen, trocken schütteln und in mundgerechte Stücke zupfen. Das **Pesto** mit 2 EL Wasser verrühren und über den Salat geben. Zur Lasagne genießen.

Zubereitungszeit: 5 Min.

Nährwerte pro Portion

ca. 441 kcal, F 9 g, KH 60 g, EW 25 g, BS 7 g

Woche 2
Mittwoch

Antipasti mit Polpette

Zucchini-Spaghetti mit Bolo-Sauce

Heute geht es Low Carb zu: Mittags ergänzen Artischocken in säuerlichem Saft das Grillgemüse mit Rucola perfekt. Dazu gibt es Hackklößchen. Abends werden die Spaghetti elegant mit Zucchini zu Zoodles, getoppt mit Bolo.

Mittwochmittag

Antipasti mit Polpette

glutenfrei, frei von raffiniertem Zucker

2–3 Artischockenherzen aus der Dose
ca. 200 g Prep-Grillgemüse
1 Handvoll Rucola
7 Prep-Polpette

To do **Artischockenherzen** vierteln und mit dem **Grillgemüse** in eine Box schichten. **Rucola** waschen, trocken schütteln, grob hacken, aufs Gemüse streuen und mit 2 EL Artischockensud beträufeln. **Polpette** extra verpacken.

To go Gemüse kurz mischen, mit den Polpette essen.

Zubereitungszeit: 5 Min.

Nährwerte pro Portion

ca. 473 kcal, F 26 g, KH 24 g, EW 29 g, BS 13 g

Mittwochabend

Zucchini-Spaghetti mit Bolo-Sauce

laktosefrei, frei von raffiniertem Zucker

1 Portion Prep-Bolo-Hack
100 ml Tomatensaft
Salz, Pfeffer
40 g Vollkornspaghetti
1 große Zucchini (ca. 250 g)
1 TL Olivenöl

At home

1 **Bolo-Hack** mit **Tomatensaft** erhitzen und mit **Salz** und **Pfeffer** abschmecken.

2 **Spaghetti** in reichlich kochendem **Salzwasser** etwa 8 Min. al dente kochen, abgießen und abtropfen lassen.

3 Inzwischen **Zucchini** waschen und mit einem Spiralschneider in dünne Streifen drehen. In einer beschichteten Pfanne im **Öl** kurz erhitzen, **salzen** und **pfeffern.** Spaghetti dazugeben, vermengen und mit der Bolo-Sauce anrichten.

Zubereitungszeit: 5 Min.
Garzeit: 15 Minuten

Nährwerte pro Portion

ca. 381 kcal, F 15 g, KH 35 g, EW 22 g, BS 10 g

Bolo-Tomatensuppe

Woche 2 Donnerstag

Risotto mit Pesto und Grillgemüse

Mittags gibt es eine dicke Bolo-Tomatensuppe – je nach Jahreszeit kalt oder warm. Abends dann Risotto, aber nur die Hälfte futtern, der Rest ist für morgen. Wer kein Ei mag, kann 100 g Tofu oder 3 EL süße Sahne oder 60 g Putenschinken unterziehen.

Donnerstagmittag

Bolo-Tomatensuppe

laktosefrei, frei von raffiniertem Zucker

1 große Tomate
200 ml Tomatensaft
restliche Portion Prep-Bolo-Hack
Salz, Pfeffer
2 Vollkorngrissini oder
1 Scheibe Knäckebrot

To do **Tomate** waschen und klein würfeln. Mit **Tomatensaft** und **Bolo-Hack** in eine dicht schließende Lunchbox füllen und mit **Salz** und **Pfeffer** abschmecken.

To go Tomatensuppe entweder kalt essen oder in der Mikrowelle kurz erhitzen. Dazu **Grissini** knabbern.

Zubereitungszeit: 5 Min.

Nährwerte pro Portion

ca. 373 kcal, F 17 g, KH 33 g, EW 19 g, BS 8 g

Donnerstagabend

Risotto mit Pesto und Grillgemüse

vegetarisch, glutenfrei, frei von raffiniertem Zucker

400 ml Gemüsebrühe
100 g Risottoreis
1 Ei (Größe M)
1 EL Prep-Pesto
ca. 200 g Prep-Grillgemüse
20 g geriebener Parmesan (ca. 2 EL)

At home

1 Die Hälfte der **Brühe** in einem Topf erhitzen. **Risottoreis** dazugeben, aufkochen, etwa 15 Min. kochen lassen, dabei rühren und nach und nach die restliche **Brühe** zugießen.

2 Inzwischen das **Ei** 7 Min. wachsweich kochen. Dann abschrecken und pellen.

3 Die Hälfte des Risottos in eine Box füllen, für Freitagabend kalt stellen.

4 **Pesto** und **Grillgemüse** unter das restliche Risotto im Topf ziehen und erhitzen. Auf einen Teller geben, mit halbiertem Ei toppen. Den **Parmesan** darüberstreuen.

Zubereitungszeit: 5 Min.
Garzeit: 20 Min.

Nährwerte pro Portion

ca. 475 kcal, F 21 g, KH 43 g, EW 25 g, BS 5 g

Woche 2 Freitag

Wrap mit Pesto, Polpette und Tomaten

Risotto-Frittata mit Tomatensalat

Mittags gibt es den zweiten würzig gefüllten Wrap. Wer einen fertigen Fladen nimmt: 180 kcal sollte er nicht überschreiten. Abends eine köstliche Frittata aus dem restlichen Risotto mit Rucola. Dazu einen tollen Salat mit Artischocken. Geschafft!

Freitagmittag

Wrap mit Pesto, Polpette und Tomaten

frei von raffiniertem Zucker

1 Prep-Wrap-Eierkuchen
3 EL Prep-Pesto
3 Prep-Polpette
150 g Kirschtomaten
1 Handvoll Rucola

To do Den aufgerollten **Eierkuchen** aus der Folie nehmen und mit **Pesto** bestreichen. **Polpette** würfeln und darauf verteilen. **Tomaten** waschen, 100 g davon halbieren und auf den Wrap geben. Den **Rucola** waschen, trocken schütteln, hacken und über die Tomaten streuen. Aufrollen, eng in Butterbrotpapier wickeln, in der Mitte durchschneiden und in eine Lunchbox packen. Restliche Tomaten dazulegen.

To go Einfach frisch aus der Box genießen.

Zubereitungszeit: 10 Min.

Nährwerte pro Portion

ca. 453 kcal, F 24 g, KH 31 g, EW 24 g, BS 8 g

Freitagabend

Risotto-Frittata mit Tomatensalat

vegetarisch, laktosefrei, glutenfrei, frei von raffiniertem Zucker

1 Handvoll Rucola
1 Ei (Größe M)
restliches Risotto (siehe Donnerstagabend)
3 TL Olivenöl
1–2 große Tomaten
2–3 Artischockenherzen
1 Zwiebel
Salz, Pfeffer

At home

1 **Rucola** waschen, fein hacken und mit dem **Ei** in das **Risotto** rühren. 1 TL **Öl** in einer Pfanne erhitzen, die Risottomischung hineingeben, glatt drücken und bei kleiner Hitze braten. Wenden, 1 TL **Öl** am Rand zugießen und braten.

2 **Tomaten** und **Artischocken** in Scheiben schneiden, in einer Schale anrichten. Die **Zwiebel** schälen, fein würfeln, darüberstreuen. Etwas Artischockensud mit dem restlichen **Öl** mischen, **salzen, pfeffern.** Über den Salat träufeln. Zur Frittata genießen.

Zubereitungszeit: 15 Min.
Garzeit: 5 Min.

Nährwerte pro Portion

ca. 530 kcal, F 28 g, KH 49 g, EW 16 g, BS 10 g

3 FERNÖSTLICH KÖSTLICH

Reis ist im Fokus dieser Woche. Durch das Vorgaren entwickelt er resistente Stärke, die als Ballaststoff wirkt und Kalorien schluckt. Ein toller Effekt! Deshalb gibt es ihn schon zum Frühstück – mit Kokosmilch und Ananas. Versuche, Vollkorn-Rundkornreis zu bekommen! Der schmeckt schön aromatisch und bietet ein Nährstoffplus. Zu Kugeln geformt, lässt er sich toll transportieren. Dazu gibt es knackig-zartes Gemüse, ergänzt durch Fisch und Huhn. Für Asien-Feeling sorgen Curry, Ingwer, Limettenblätter und Sojasauce. Die tun auch der Verdauung gut.

WOCHEN-SPEISEPLAN 3

Frühstück

Kokosreis mit Ananas

Montag

Blumenkohlcouscous mit Reisbällchen

Fischcurry mit Gemüsereis

Dienstag

Blumenkohlsalat in Sommerrollen

Currynudeln mit Hähnchen

To go

61

63

At home

61

63

Mittwoch

Schichtsalat

Fried Rice mit Gemüse und Ei

65

65

Donnerstag

Fried-Rice-Salat mit Grapefruit

Nudelsuppe mit Hähnchenstreifen

67

67

Freitag

Schichttopf süßsauer

Restecurry mit allem

69

69

Samstags einkaufen

Einkaufsliste für 1 Person

Gemüse, Kräuter und Obst

1 großer Blumenkohl oder 2 kleine (ca. 1,2 kg)
500 g junge Karotten
500 g grüner Spargel
1 großer Chinakohl (ca. 800 g)
200 g TK-Erbsen
2 Bund Frühlingszwiebeln (ca. 300 g)
1 Knoblauchzehe
ca. 12-cm-Stück Ingwer (ca. 100 g)
4–5 Limetten (für ca. 220 ml Limettensaft)
1 große Ananas (ca. 1,7 kg, ca. 800 g Fruchtfleisch)
3 mittelgroße Grapefruits

Frischprodukte

3 Eier (Größe M)
300 g Hähnchenbrustfilet
150 g frisches oder TK-Fischfilet (Pangasius, Scholle oder Seelachs; Bioware)

Lagerprodukte

80 g Mie-Nudeln
4 Blätter Reispapier (Ø 22 cm)
Reisessig
vegane gelbe Thai-Currypaste (oder die schärfere rote)
Sambal Oelek
50 g Kokoschips
3–4 Limettenblätter

Aus dem Vorrat

300 g Vollkorn-Rundkornreis
80 g Parboiled Vollkornreis
je 20 g ungeschälte schwarze und braune Sesamsamen
40 g Cashewkerne
100 g gesalzene, geröstete Erdnusskerne
6 EL Rapsöl
glutenfreie Sojasauce
Salz
Cayennepfeffer
unraffinierter Rohrzucker
Instant-Gemüsebrühe
800 ml Kokosmilch light (10 %)

www.mengenrechner.de

- Diätwoche auf mehrere Personen umrechnen
- Einkaufsliste aufs Handy holen

Tauschmöglichkeiten

Grapefruit	gegen	Pomelo, Weintrauben oder säuerliche Äpfel
Ananas	gegen	Mango oder Orangen
Parboiled Vollkornreis	gegen	Vollkorn-Basmatireis
gelbe Thai-Currypaste	gegen	Currypulver
Sambal Oelek	gegen	Cayennepfeffer oder Pul Biber
Limettenblätter	gegen	Zitronenschale oder Zitronengras
4 Blätter Reispapier	gegen	50 g Reiscracker

Für vegane Varianten tauschen

Eier	gegen	100 g Seidentofu pro Ei, mit Curry gewürzt
Hähnchenbrustfilet	gegen	Mandel-Sesam-Räuchertofu
150 Fischfilet	gegen	95 g Seitan

Frühstück Woche 3

Kokosreis mit Ananas

vegan, laktosefrei, glutenfrei, frei von raffiniertem Zucker

Ananas ist recht süß, aber Kokosmilch und Reis sorgen dafür, dass der Fruchtzucker nicht zu schnell ins Blut geht und das Frühstück bis mittags satt macht. Das Tolle: Rohe Ananas wird in Kombination mit Kokosmilch – anders als bei Kuhmilch – nicht bitter.

To do 1 Portion **Prep-Kokosreis** mit 1 Portion **Prep-Ananas** mischen. 1–2 EL **Prep-Grapefruitsaft** >> alle Seite 59 untermischen und mit 1 EL **Kokoschips** (10 g) bestreuen.

TIPP Wer lieber beißt: Pro Frühstück 200 g Ananas pur, 20 g Kokoschips und 30 g Reiscracker knabbern.

Zubereitungszeit: 3 Min.

Nährwerte pro Portion

ca. 347 kcal, F 17 g, KH 18 g, EW 4 g, BS 3 g

Am Meal-Prep-Tag

SONNTAGS IN DER KÜCHE

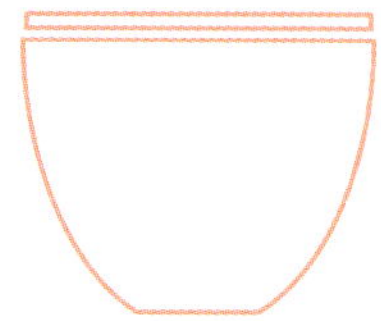

300 ml
für Hähnchenstreifen

Gesamtzeit der Vorbereitung: 1 Std. 45 Min.

>> SO GEHT'S AM SCHNELLSTEN

1. Reis für Prep-Reisbällchen garen.
2. Inzwischen Prep-Bratgemüse zubereiten.
3. Prep-Blumenkohlraspel vorbereiten.
4. Prep-Frühlingszwiebeln schneiden.
5. Reis für Prep-Reisbällchen fertigstellen, quellen lassen.
6. Währenddessen Prep-Kokosreis köcheln.
7. Prep-Currycreme zubereiten.
8. Prep-Erdnusssauce mixen.
9. Prep-Currycreme fertigstellen.
10. Prep-Kokosreis fertigstellen.
11. Prep-Reisbällchen formen.
12. Prep-Hähnchenstreifen braten.
13. Prep-Fisch vorbereiten.
14. Prep-Ananas schneiden.
15. Prep-Grapefruitsaft pressen.

Auf dem Herd

Prep-Reisbällchen 150 g **Vollkorn-Rundkornreis** mit 400 ml Wasser, 1–2 TL **Salz,** 3–4 **Limettenblättern** und etwas **Cayennepfeffer** aufkochen und bei kleiner Hitze mindestens 40 Min. köcheln lassen. Je 20 g **schwarzen** und **braunen Sesam** sowie 1 EL **Reisessig** einrühren, etwa 30 Min. ausquellen und abkühlen lassen. Limettenblätter entfernen. Aus der Masse mit nassen Händen zwölf Bällchen formen, etwas trocknen lassen und in einer Box kühl lagern.

Prep-Bratgemüse Die Hälfte der **Blumenkohlröschen** (etwa 350 g) waschen. 500 g **Spargel** waschen und im unteren Drittel schälen. 500 g **Karotten** waschen, schälen und, falls sie dick sind, längs halbieren oder vierteln. Mit dem Spargel in etwa 4 cm große Stücke schneiden. Das Gemüse mit 3–4 EL **Limettensaft, Salz** und 1–2 TL veganer **Thai-Currypaste** mischen. Im Wok in 2 EL **Rapsöl** unter ständigem Rühren etwa 10 Min. braten. Abkühlen lassen, in eine Box geben, kühl lagern.

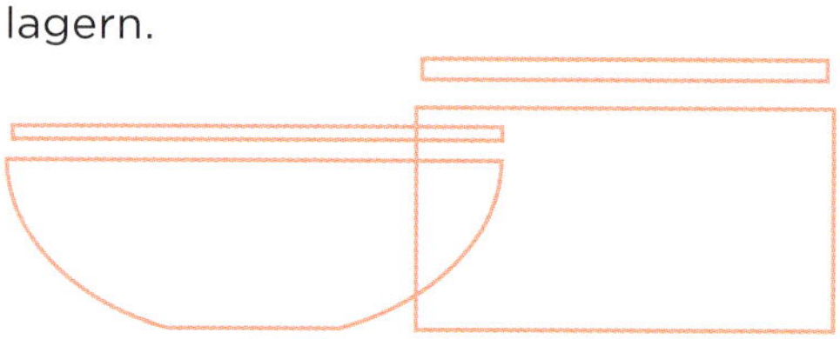

500 ml
für Reisbällchen

500 ml
für Bratgemüse

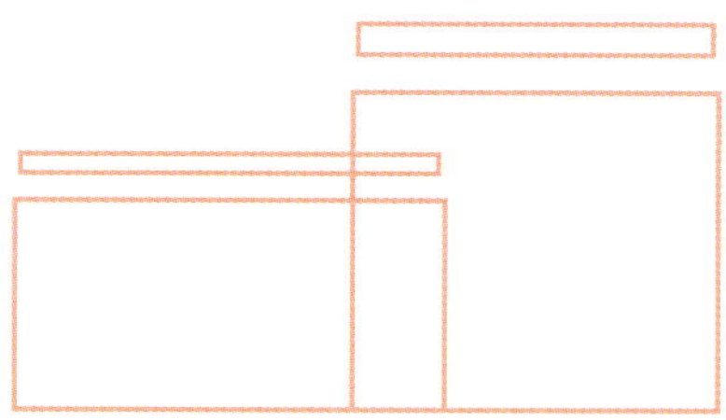

450 ml
für Kokosreis

500 ml
für Currycreme

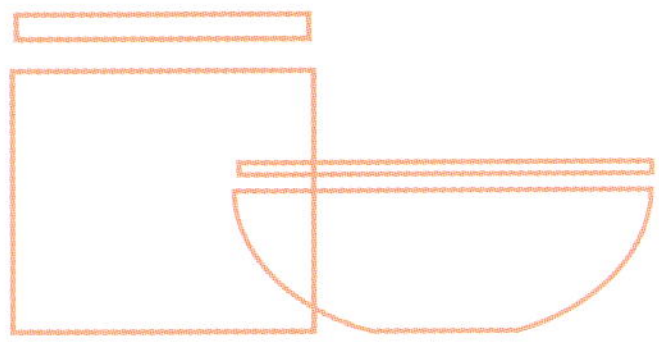

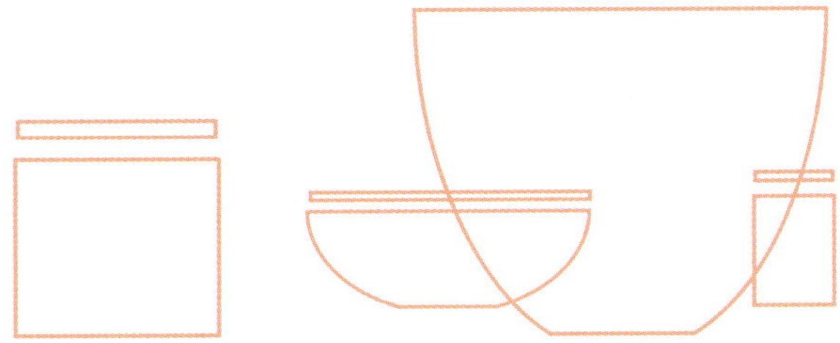

Fix gemacht

Prep-Kokosreis 150 g **Vollkorn-Rundkornreis** mit 400 ml **Kokosmilch** (10 %) aufkochen. Abgedeckt bei kleiner Hitze mindestens 30 Min. köcheln und dann abkühlen lassen. 2-cm-Stück **Ingwer** schälen, fein hacken, zugeben und kühl lagern. Für 5 Portionen.

Prep-Currycreme Das **Blumenkohlinnere** ohne Röschen, aber mit Strunk (etwa 400 g) waschen, klein schneiden und in einen Topf geben. 2-cm-Stück **Ingwer** und 1 **Knoblauchzehe** schälen, hacken, hinzufügen. 200 ml **Kokosmilch** (10 %) zugießen und etwa 15 Min. garen. Pürieren, mit veganer **Thai-Currypaste, Salz** und 1 TL **Limettensaft** würzen. In eine Box füllen, kalt stellen.

Prep-Hähnchenstreifen 300 g **Hähnchenbrustfilet** quer zur Faser in daumendicke Streifen schneiden. Dann 1 TL vegane **Thai-Currypaste,** 2–3 EL **Limettensaft** und etwas **Salz** mischen, Hähnchenstreifen darin wenden und marinieren. In einer beschichteten Pfanne in 1 EL **Rapsöl** rundherum unter Rühren braten. In eine Box füllen und kalt stellen.

Prep-Blumenkohlraspel Die restlichen **Blumenkohlröschen** (etwa 350 g) waschen, roh raspeln und in einer Box kühl lagern.

Prep-Frühlingszwiebeln 2 Bund **Frühlingszwiebeln** putzen, in dünne Ringe schneiden und in einer Box kühl lagern.

Prep-Erdnusssauce 50 g **gesalzene, geröstete Erdnüsse** mit 100 ml **Kokosmilch** (10 %) und 85 ml Wasser mixen. 2-cm-Stück **Ingwer** schälen. Restliche **Erdnüsse** fein hacken, beides zugeben. Mit 1 TL veganer **Thai-Currypaste,** 1 TL glutenfreier **Sojasauce,** 1 Prise unraffiniertem **Rohrzucker** und etwas **Limettensaft** abschmecken. In einer Box kühl lagern.

Prep-Fisch 150 g **Fischfilet** mit 1–2 EL **Limettensaft** beträufeln. In einer Box kalt stellen.

Prep-Ananas 1 **Ananas** (etwa 800 g Fruchtfleisch) schälen, längs vierteln, Strunk entfernen, in Stücke schneiden, kühl lagern. Für 5 Portionen.

Prep-Grapefruitsaft 1 **Grapefruit** auspressen, Saft kühl lagern.

Woche 3
Montag

Blumenkohlcouscous mit Reisbällchen

Fischcurry mit Gemüsereis

Heute wird gleich für die nächsten Tage mitgekocht: Mittags gibt es einen Berg Rohkost, der auch für Dienstag reicht, dazu Reisbällchen, Bratgemüse und Currycreme. Abends wird dann nochmals Reis gegart, für Mittwochabend gleich mit.

Montagmittag

Blumenkohlcouscous mit Reisbällchen

vegan, laktosefrei, glutenfrei, frei von raffiniertem Zucker

40 g Cashewkerne
200 g Chinakohl
Prep-Blumenkohlraspel
4–5 EL Prep-Frühlingszwiebeln
100 g Prep-Bratgemüse
4 EL Limettensaft
2 EL Rapsöl
1–2 EL Prep-Currycreme
1 Msp. Sambal Oelek
Salz
2 Prep-Reisbällchen

To do **Cashewkerne** rösten und grob hacken. **Chinakohl** waschen und in dünne Streifen schneiden. Beides mit **Blumenkohlraspeln, Frühlingszwiebeln, Bratgemüse, Limettensaft, Öl, Currycreme, Sambal Oelek** und etwas **Salz** mischen. Die Hälfte in eine Box füllen, **Reisbällchen** dazupacken. Den Rest für Dienstagmittag kalt stellen.

To go Mischen und genießen.

Zubereitungszeit: 10 Min.

Nährwerte pro Portion

ca. 452 kcal, F 26 g, KH 18 g, EW 13 g, BS 10 g

Montagabend

Fischcurry mit Gemüsereis

laktosefrei, glutenfrei, frei von raffiniertem Zucker

80 g Parboiled Vollkornreis
Salz
½ restliche Prep-Currycreme
Prep-Fisch
100 g Prep-Bratgemüse

At home

1 Den **Reis** mit ½ TL **Salz** und 350 ml Wasser aufkochen und dann ausquellen lassen. Bei Bedarf noch mehr Wasser hinzufügen.

2 Inzwischen die **Currycreme** in eine kleine beschichtete Pfanne geben und eventuell etwas verdünnen. **Fischfilet** hineinlegen, aufkochen und bei kleiner Hitze etwa 5 Min. gar ziehen lassen.

3 Die Hälfte vom Reis für Fried Rice (Mittwochabend) in eine Box geben und aufbewahren. Das **Bratgemüse** unter den restlichen Reis heben, kurz erhitzen. Mit dem Fischcurry anrichten.

Zubereitungszeit: 5 Min.
Garzeit: ca. 20 Min.

Nährwerte pro Portion

ca. 523 kcal, F 17 g, KH 15 g, EW 39 g, BS 8 g

Woche 3
Dienstag
Blumenkohlsalat in Sommerrollen
Currynudeln mit Hähnchen

Zur Abwechslung wird die Rohkost von gestern in Reispapier gewickelt. Wichtig: Eng rollen und das Papier nicht zu nass machen! Wem das zu mühsam ist: 50 g Reiscracker einpacken. Abends gibt es zum Ausgleich einen schnellen, würzigen Nudeltopf.

Dienstagmittag

Blumenkohlsalat in Sommerrollen

vegan, laktosefrei, glutenfrei, frei von raffiniertem Zucker

1 Prep-Reisbällchen
restlicher Blumenkohlcouscous (siehe Montagmittag)
4 Blätter Reispapier (Ø 22 cm)
glutenfreie Sojasauce

To do Das **Reisbällchen** zerpflücken und unter den **Blumenkohlcouscous** heben. Je ein **Reispapierblatt** erst durch Wasser ziehen, dann je ein Viertel Blumenkohlsalat darauf verteilen und aufrollen, dabei die Ränder zur Mitte hin einschlagen. Nebeneinander in eine Lunchbox setzen und mit Frischhaltefolie trennen, sonst kleben die Rollen aneinander.

To go Sommerrollen in **Sojasauce** tunken und genießen.

Zubereitungszeit: 15 Min.

Nährwerte pro Portion

ca. 536 kcal, F 25 g, KH 15 g, EW 10 g, BS 6 g

Dienstagabend

Currynudeln mit Hähnchen

laktosefrei, frei von raffiniertem Zucker

40 g Mie-Nudeln
restliche Prep-Currycreme
100 g Prep-Hähnchenstreifen
100 g Prep-Bratgemüse
4 EL Prep-Frühlingszwiebeln
Salz

At home

1 150 ml Wasser aufkochen, die **Mie-Nudeln** hineingeben und 2 Min. ziehen lassen.

2 Alle restlichen **Zutaten** dazugeben, aufkochen und abschmecken.

Zubereitungszeit: 3 Min.
Garzeit: 8 Min.

Nährwerte pro Portion

ca. 429 kcal, F 23 g, KH 16 g, EW 31 g, BS 9 g

Schichtsalat

Woche 3 Mittwoch

Fried Rice mit
Gemüse und Ei

Heute Mittag wird ganz klassisch geschichtet und mit Erdnusssauce gewürzt. Für knackigen Biss sorgt Chinakohl. Abends gibt es einen Klassiker: gebratenen Reis mit Rührei und Gemüse. Aber nicht alles aufessen: Ein Drittel ist für morgen Mittag.

Mittwochmittag

Schichtsalat

vegan, laktosefrei, glutenfrei, frei von raffiniertem Zucker

200 g Prep-Bratgemüse
3–4 EL Prep-Erdnusssauce
100 g Chinakohl
3–4 EL Limettensaft
3 Prep-Reisbällchen

To do **Bratgemüse** mit **Erdnusssauce** anmachen. Den **Chinakohl** waschen, in dünne Streifen schneiden und mit **Limettensaft** mischen. Im Wechsel mit dem Bratgemüse in eine Lunchbox schichten und darauf abschließend die **Reisbällchen** legen.

To go Die Reisbällchen unter den Salat mischen und genießen.

Zubereitungszeit: 10 Min.

Nährwerte pro Portion

ca. 488 kcal, F 23 g, KH 19 g, EW 16 g, BS 9 g

Mittwochabend

Fried Rice mit Gemüse und Ei

vegetarisch, laktosefrei, glutenfrei, frei von raffiniertem Zucker

200 g Chinakohl
2-cm-Stück Ingwer
1 EL Rapsöl
200 g TK-Erbsen
100 g Prep-Frühlingszwiebeln
restlicher gegarter Parboiled Vollkornreis (siehe Montagabend)
100 g Prep-Bratgemüse
3 Eier (Größe M)
1 Msp. Sambal Oelek, Salz

At home

1 **Chinakohl** waschen und in schmale Streifen schneiden. **Ingwer** schälen, fein hacken. Beides im Wok im **Öl** anbraten. **Erbsen** und **Frühlingszwiebeln** hineinrühren, dann **Reis** und **Bratgemüse** mitbraten.

2 **Eier** mit 1 EL Wasser, **Sambal Oelek** und etwas **Salz** verquirlen. Gemüse an den Rand schieben, Eiermasse hineingießen, zu Rührei braten, vermengen.

3 Ein Drittel davon für Donnerstag kalt stellen. Den übrigen Bratreis auftischen.

Zubereitungszeit: 10 Min.
Garzeit: 5 Min.

Nährwerte pro Portion

ca. 520 kcal, F 20 g, KH 29 g, EW 29 g, BS 13 g

Woche 3

Donnerstag

Fried-Rice-Salat mit Grapefruit

Nudelsuppe mit Hähnchenstreifen

Der Bratreis wird mit Grapefruit, Limettensaft und Erdnusssauce zu einem tollen Mitnehmsalat. Abends wird eine typische Nudelsuppe mit Kokosmilch, Ingwer, Hähnchenbruststreifen und viel Gemüse zubereitet.

Donnerstagmittag

Fried-Rice-Salat mit Grapefruit

vegetarisch, laktosefrei, glutenfrei, frei von raffiniertem Zucker

1 Grapefruit
100 g Chinakohl
restlicher Fried Rice (siehe Mittwochabend)
1–2 EL Limettensaft
3 EL Prep-Erdnusssauce

To do **Grapefruit** schälen, die Trennhäute entfernen und das Fruchtfleisch zerpflücken. **Chinakohl** waschen und in feine Streifen schneiden. Beides mit **Fried Rice, Limettensaft** und der **Erdnusssauce** in eine Lunchbox geben und mischen.

To go Den Salat genießen.

Zubereitungszeit: 10 Min.

Nährwerte pro Portion

ca. 468 kcal, F 16 g, KH 38 g, EW 19 g, BS 10 g

Donnerstagabend

Nudelsuppe mit Hähnchenstreifen

laktosefrei, frei von raffiniertem Zucker

40 g Mie-Nudeln
200 ml Gemüsebrühe
2-cm-Stück Ingwer
75 g Prep-Hähnchenstreifen
200 g Prep-Bratgemüse
2–3 EL Prep-Frühlingszwiebeln
100 ml Kokosmilch light (10 %)

At home

1 **Mie-Nudeln** in der **Brühe** aufkochen.

2 Den **Ingwer** schälen, fein hacken, mit den restlichen **Zutaten** zu den Nudeln geben und einmal aufkochen. Fertig!

Zubereitungszeit: 5 Min.
Garzeit: 5 Min.

Nährwerte pro Portion

ca. 403 kcal, F 21 g, KH 16 g, EW 24 g, BS 6 g

Schichttopf süßsauer

Woche 3
Freitag

Restecurry mit allem

Die Frischekünstler Chinakohl und Grapefruit peppen Reisbällchen und Hähnchen knackig auf. Abends verbinden sich dann alle Reste im Curry zu einem köstlichen Ganzen. Das schmeckt tatsächlich mit aufgewärmten Zutaten besonders gut!

Freitagmittag

Schichttopf süßsauer

laktosefrei, glutenfrei,

frei von raffiniertem Zucker

1 Grapefruit
70 g Chinakohl
65 g Prep-Hähnchenstreifen
2–3 EL Prep-Erdnusssauce
1–2 EL Limettensaft
3 Prep-Reisbällchen

To do **Grapefruit** schälen, Trennhäute entfernen und Fruchtfleisch zerpflücken. **Chinakohl** waschen und in feine Streifen schneiden. Beides in eine Box geben, **Hähnchenstreifen, Erdnusssauce** und **Limettensaft** dazugeben und mischen. Die **Reisbällchen** unterheben.

To go Den Salat genießen.

Zubereitungszeit: 10 Min.

Nährwerte pro Portion

ca. 439 kcal, F 20 g, KH 23 g, EW 23 g, BS 5 g

Freitagabend

Restecurry mit allem

vegan, laktosefrei, glutenfrei,

frei von raffiniertem Zucker

restliche Prep-Erdnusssauce (6–7 EL)
restlicher Ingwer (ca. 2-cm-Stück)
restliche Prep-Frühlingszwiebeln (6–8 EL)
restliches Prep-Bratgemüse (ca. 180–190 g)
½ TL vegane gelbe oder rote Thai-Currypaste
Salz
3 Prep-Reisbällchen

At home

1 **Erdnusssauce** in einen Topf geben und mit etwas Wasser verdünnen. **Ingwer** schälen und hacken. Mit **Frühlingszwiebeln** und **Bratgemüse** zur Sauce in den Topf geben, erhitzen und mit **Currypaste** und etwas **Salz** abschmecken.

2 **Reisbällchen** in das Curry geben, erhitzen und auftischen.

Zubereitungszeit: 5 Min.
Garzeit: 10 Min.

Nährwerte pro Portion

ca. 458 kcal, F 21 g, KH 20 g, EW 15 g, BS 9 g

4 TEX-MEX-WOCHE MIT SCHOKO UND CHILI

Wir verdanken Südamerika nicht nur Kartoffeln, Tomaten, Avocado, Paprika, Mais und Süßkartoffeln, sondern auch die scharfen Chilischoten und die aromatischen Kakaobohnen. All das sind die Grundzutaten dieser Woche. Eine wichtige Rolle spielen zudem Oliven. Die Vorbereitung kostet etwas Zeit und die Tortillas Geschicklichkeit. Aber die Belohnung ist ein spannendes Essen.

WOCHEN-SPEISEPLAN 4

Frühstück

Schoko-Chili-Müsli mit Limette

To go

At home

Montag

Gefüllte Gemüse-Tortilla

Polenta mit Paprika-Geschnetzeltem

79

79

Dienstag

Kartoffelsalat mit Garnelen und Avocadocreme

Quesadilla

81

81

Mittwoch

Salat mit Polentaschnitten

Bananen-Mais-Pfannkuchen mit Bananen-Schoko-Creme

83

83

Donnerstag

Süßkartoffel-Rollos

Polenta-Pizza

85

85

Freitag

Gefüllte Süßkartoffel mit Limettenjoghurt

Zweierlei Kartoffelgratin

87

87

Samstags einkaufen

Einkaufsliste für 1 Person

Gemüse, Kräuter und Obst

700 g Paprikaschoten
1 große Süßkartoffel (ca. 500 g)
450 g Kartoffeln
400 g Zwiebeln
1 Knoblauchzehe
200 g Kirschtomaten
Salatsorte nach Belieben (mind. 100 g)
1 kleine Avocado
2 Biolimetten
500 g frische oder TK-Erdbeeren
1 kleine Banane

Frischprodukte

1 Ei (Größe M)
550 g Naturjoghurt (3,5 %)
120 g Feta light (9 %)
150 g Putenfleisch (Brust oder Keule)
200 g gegarte TK-Garnelen

Lagerprodukte

90 g Maismehl
240 g Maisgrieß (Polenta)
50 g entsteinte schwarze Oliven
90 g entsteinte grüne Oliven
100 g Maiskörner aus der Dose

Aus dem Vorrat

200 g glutenfreie zarte oder kernige Haferflocken
115 g Dinkelmehl (Type 630)
145 g gemahlene Mandeln
Rapsöl
Dijonsenf
Tomatenmark
Salz, Pfeffer
Cayennepfeffer
edelsüßes Paprikapulver
getrockneter Thymian
entöltes Kakaopulver
ca. 575 ml ungesüßter Mandeldrink
Instant-Gemüsebrühe
Honig
200 g stückige Tomaten aus der Dose
1 Dose weiße Bohnen (400 g, 270 g Abtropfgewicht)
1 Dose rote Bohnen (400 g, 270 g Abtropfgewicht)

www.mengenrechner.de

- Diätwoche auf mehrere Personen umrechnen
- Einkaufsliste aufs Handy holen

Tauschmöglichkeiten

Süßkartoffel	gegen	Karotten (falls nötig, schälen, im Ganzen garen), Kürbis (vierteln und entkernt garen)
Bohnen	gegen	Kichererbsen aus der Dose, Linsen aus der Dose
Maismehl	gegen	Dinkelmehl (Type 630)
ungesüßter Mandeldrink	gegen	Milch (1,5 %)
selbst gemachte Tortillas	gegen	fertige Maisfladen aus dem (Asia-)Supermarkt (pro Stück ca. 100 kcal)

Für vegane Variante tauschen

1 Ei	gegen	200 g Seidentofu, mit Curry gewürzt
150 g Putenfleisch	gegen	170 g Mandeltofu
200 g Garnelen	gegen	280 g Tofu Natur

Frühstück Woche 4

Schoko-Chili-Müsli mit Limette

vegetarisch, glutenfrei,
frei von raffiniertem Zucker

Schokoladiges Müsli, das mit Cayennepfeffer die Lebensgeister weckt. Limettenschale sorgt für extra Aroma.

To do 100 g **Erdbeeren** waschen, entstielen, klein schneiden und mit 1 Portion (etwa 60 g) **Prep-Müslimix** >> Seite 77 und 100 g **Naturjoghurt** (3,5 %) mischen.

TIPP Statt 100 g Naturjoghurt 150 ml ungesüßten Mandeldrink verwenden. Erdbeeren bleiben nur etwa 3 Tage frisch. Für den Rest der Woche lieber einfrieren oder gleich TK-Erdbeeren nehmen. Stattdessen passen auch Melone, Mango oder andere Beeren. TK-Erdbeeren vorher auftauen lassen.

Zubereitungszeit: 5 Min.

Nährwerte pro Portion

ca. 366 kcal, F 16 g, KH 35 g, EW 15 g, BS 8 g

Am Meal-Prep-Tag

SONNTAGS IN DER KÜCHE

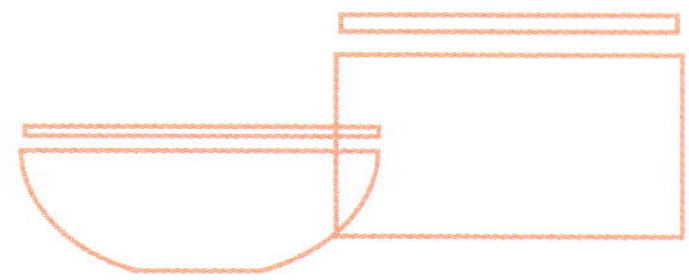

350 ml für Kartoffeln

400 ml für Süßkartoffel

Gesamtzeit der Vorbereitung: 2 Std. 10 Min.

>> SO GEHT'S AM SCHNELLSTEN

1. Backofen auf 200 °C Umluft vorheizen.
2. Prep-Kartoffeln backen.
3. Prep-Süßkartoffel backen.
4. Inzwischen Prep-Putenfleisch braten.
5. Prep-Tomaten-Bohnen-Sauce zubereiten.
6. Prep-Paprikagemüse backen.
7. Teig für die Prep-Tortillas vorbereiten.
8. Während der Teigquellzeit die Prep-Garnelen vorbereiten.
9. Prep-Salat waschen.
10. Prep-Tortillas backen.
11. Prep-Polentaschnitten und Prep-Polentabrei zubereiten.
12. Während der Polenta-Auskühlzeit Prep-Olivenpaste mixen.
13. Prep-Polentaschnitten und Prep-Polentabrei fertigstellen.
14. Prep-Limettensaft und Prep-Limettenabrieb zubereiten.
15. Prep-Müslimix mischen.

Im Ofen garen

Prep-Kartoffeln 450 g **Kartoffeln** waschen, eventuell schälen, halbieren oder vierteln. Mit 4 EL **Rapsöl** und **Salz** auf einem Blech wenden, im vorgeheizten Ofen bei 200 °C Umluft etwa 40 Min. weich garen. Kühl lagern.

Prep-Süßkartoffel 1 **Süßkartoffel** (etwa 500 g) waschen, halbieren, mit **Rapsöl** einpinseln, mit Schnittflächen nach unten aufs Blech im Ofen legen, 35 Min. mitbacken. Separat kalt stellen.

Prep-Paprikagemüse 700 g **Paprika** entkernen, in mundgerechte Stücke schneiden. 300 g **Zwiebeln** schälen, klein schneiden und mit Paprika auf ein Blech geben. Mit 2 EL **Rapsöl, Salz, Pfeffer** und **Paprikapulver** mischen und bei 200 °C Umluft 20–25 Min. weich garen. Kühl lagern. Für 3 Portionen.

Auf dem Herd

Prep-Putenfleisch 150 g **Putenfleisch** in Streifen schneiden, mit 1 TL **Öl** und 1 EL **Paprikapulver** etwa 5 Min. rundum braten. Kalt stellen. Für 2 Portionen.

Prep-Tomaten-Bohnen-Sauce 100 g **Zwiebeln** schälen, fein würfeln und in 2 EL **Öl** dünsten. 1 EL **Tomatenmark** zugeben, 5 Min. rührbraten. **Dosentomaten** hinzufügen, **salzen, pfeffern** und mit 1 TL **Honig** abschmecken.

500 ml für Paprikagemüse | 200 ml für Putenfleisch | 200 ml für Sauce | 250 ml für Tortillas | 350 ml für Polentaschnitten | 350 ml für Polentabrei

Dann abgetropfte **weiße** und **rote Bohnen** unterziehen, kalt stellen. Für 3 Portionen.

Prep-Tortillas Je 90 g **Mais-** und **Dinkelmehl,** 40 g gemahlene **Mandeln,** 1 TL **Salz** und 1 EL **Öl** mit 300–350 ml Wasser glatt rühren und etwa 10 Min. quellen lassen. In einer Pfanne mit wenig **Öl** mindestens fünf Fladen ausbacken. Mit Papier dazwischen in einer Dose kühl lagern.

Prep-Polentaschnitten und **Prep-Polentabrei** 240 g **Polentagrieß** mit 300 ml **Gemüsebrühe** und 300 ml ungesüßtem **Mandeldrink** aufkochen. 1 EL **Öl, Salz** und **Pfeffer** dazugeben, etwa 10 Min. zu einem dicklichen Brei köcheln. Die Hälfte der Masse in einer Auflaufform (20 × 31 cm) ausstreichen, abdecken, abkühlen lassen. Eine Hälfte in zwei breite, die andere Hälfte in drei bis vier kleinere Polentaschnitten schneiden. Kühl lagern. Die restliche Polentamasse im Topf mit 100 ml **Brühe** glatt rühren. Prep-Polentabrei kalt stellen. Für 2 Portionen.

Fix gemacht

Prep-Garnelen 200 g **TK-Garnelen** abbrausen, abtupfen, mit 1 EL **Öl** und ½ zerdrückten **Knoblauchzehe** marinieren und kühl lagern. Für 2 Portionen.

Prep-Salat Mindestens 100 g **Salat** waschen, zerzupfen und mit feuchtem Tuch abgedeckt kühl aufbewahren.

Prep-Olivenpaste Je 50 g **schwarze** und **grüne Oliven,** etwas **Salz, Pfeffer,** ½ geschälte **Knoblauchzehe,** 1 TL **Tomatenmark,** 1 TL **Senf,** 1 TL **Thymian** und etwa 50 ml Wasser oder Olivenlake im Mixer fein pürieren. Eventuell noch etwas Wasser zugeben. Kalt stellen.

Prep-Limettensaft und **Prep-Limettenabrieb** 2 **Biolimetten** heiß abwaschen. Schale für den Prep-Müslimix abreiben, den Saft auspressen (mindestens 4 EL). Kühl lagern.

Prep-Müslimix 200 g **Haferflocken,** 100 g gemahlene **Mandeln,** 1 EL **Kakao,** 2 EL **Prep-Limettenabrieb** mischen, mit **Cayennepfeffer** würzen. In einer Dose aufbewahren.

250 ml für Garnelen | 200 ml für Olivenpaste | 100 ml für Limettensaft | 500 ml für Müsli

Gefüllte
Gemüse-Tortilla

Woche 4
Montag

Polenta mit Paprik
Geschnetzeltem

Wenn sich die Tortilla fürs Mittagessen nicht so gut rollen lässt, einfach mit Olivenpaste bestrichen zusammenklappen und zum Salatmix mitnehmen. Die Polenta abends ist ganz einfach und macht mit Paprika-Geschnetzeltem supersatt.

Montagmittag

Gefüllte Gemüse-Tortilla

vegetarisch, frei von raffiniertem Zucker

1 Prep-Tortilla
3 EL Prep-Olivenpaste
1 Portion Prep-Paprikagemüse
20 g Prep-Salat
30 g Feta light (9 %)

To do Die **Tortilla** mit **Olivenpaste** bestreichen, mit **Paprikagemüse, Salat** und **Feta** belegen und aufrollen. In eine Lunchbox legen.

To go Die Tortilla nach Belieben erwärmen.

Zubereitungszeit: 8 Min.

Nährwerte pro Portion

ca. 434 kcal, F 30 g, KH 25 g, EW 12 g, BS 8 g

Montagabend

Polenta mit Paprika-Geschnetzeltem

laktosefrei, glutenfrei, frei von raffiniertem Zucker

1 Portion Prep-Tomaten-Bohnen-Sauce
1 Portion Prep-Paprikagemüse
1 Portion Prep-Putenfleisch
Cayennepfeffer
1 Portion Prep-Polentabrei
2–3 EL ungesüßter Mandeldrink

At home

1 **Tomaten-Bohnen-Sauce** mit dem **Paprikagemüse** langsam erhitzen. **Putenfleisch** zugeben und nur warm werden lassen. Mit **Cayennepfeffer** abschmecken.

2 Inzwischen den **Polentabrei** mit **Mandeldrink** erhitzen und glatt rühren, bis eine breiige Konsistenz entsteht. Zum Paprika-Geschnetzelten reichen.

Zubereitungszeit: 5 Min.
Garzeit: 10 Min.

Nährwerte pro Portion

ca. 510 kcal, F 22 g, KH 24 g, EW 29 g, BS 10 g

Woche 4 Dienstag

Kartoffelsalat mit Garnelen
und Avocadocreme

Quesadilla

Mittags wird der Kartoffelsalat mit Garnelen und Salat supercremig durch Avocado. Abends gibt es überbackene Quesadilla mit würziger Bohnen-Fleisch-Füllung. Das klappt auch in der Mikrowelle bestens.

Dienstagmittag

Kartoffelsalat mit Garnelen und Avocadocreme

laktosefrei, glutenfrei, frei von raffiniertem Zucker

½ Portion Prep-Kartoffeln
1 Portion Prep-Garnelen
20 g Prep-Salat
1 kleine Avocado (ca. 50 g Fruchtfleisch)
1 EL Prep-Limettensaft
Salz, Pfeffer

To do **Kartoffeln** klein schneiden und mit den **Garnelen** in eine Box schichten. **Salat** daraufgeben, aber nicht mischen. Die **Avocado** schälen, entkernen und das Fruchtfleisch mit dem **Limettensaft** zerdrücken, dann **salzen** und **pfeffern.**

To go Kartoffelsalat und Avocadocreme getrennt mitnehmen. Vor dem Essen die Avocadocreme mit Wasser zu einem Dressing verdünnen, über den Salat gießen und vermengen.

Zubereitungszeit: 10 Min.

Nährwerte pro Portion

ca. 464 kcal, F 24 g, KH 36 g, EW 23 g, BS 4 g

Dienstagabend

Quesadilla

vegetarisch, frei von raffiniertem Zucker

30 g Feta light (9 %)
1 Portion Prep-Tomaten-Bohnen-Sauce
restliche Portion Prep-Putenfleisch
2 Prep-Tortillas
20 g Prep-Salat
1 EL Prep-Limettensaft

At home

1 Den Backofen auf 180 °C Umluft vorheizen. Den **Feta** zerkrümeln. Die **Tomaten-Bohnen-Sauce** und das **Putenfleisch** auf einer **Tortilla** verteilen und mit der Hälfte vom Feta bestreuen. Die zweite **Tortilla** darauflegen und mit dem übrigen Feta bestreuen.

2 Quesadilla im vorgeheizten Backofen 10 Min. überbacken. Den **Salat** mit **Limettensaft** beträufeln und zur Quesadilla essen.

TIPP Statt Feta 2 EL geriebenen Käse verwenden.

Zubereitungszeit: 5 Min.
Backzeit: 10 Min.

Nährwerte pro Portion

ca. 537 kcal, F 24 g, KH 39 g, EW 35 g, BS 8 g

Woche 4 Mittwoch

Salat mit Polentaschnitten

Bananen-Mais-Pfannkuchen mit Bananen-Schoko-Creme

Die Olivenpaste wird zum würzigen Dressing für den Mittagssalat. Erst vor dem Essen unterziehen, sonst fällt der Salat zusammen! Abends wird süß geschlemmt: Dicke Bananen-Mais-Pfannkuchen werden mit Bananen-Schoko-Creme saftig getoppt.

Mittwochmittag

Salat mit Polentaschnitten

laktosefrei, glutenfrei,
frei von raffiniertem Zucker

100 g Maiskörner aus der Dose
2 EL Prep-Olivenpaste
50 g Kirschtomaten
20 g entsteinte grüne Oliven
20 g Prep-Salat
restliche Portion Prep-Garnelen
3–4 kleinere Prep-Polentaschnitten

To do **Maiskörner** abtropfen lassen. **Olivenpaste** mit etwas Wasser zu einem Dressing rühren. **Tomaten** und **Oliven** halbieren, mit Mais, **Salat** und **Garnelen** mischen. **Polentaschnitten,** Salat und Dressing separat mitnehmen.

To go Vor dem Essen das Dressing über den Salat geben und mit den Polentaschnitten genießen.

Zubereitungszeit: 10 Min.

Nährwerte pro Portion

ca. 368 kcal, F 19 g, KH 19 g, EW 7 g, BS 5 g

Mittwochabend

Bananen-Mais-Pfannkuchen mit Bananen-Schoko-Creme

vegan, laktosefrei, frei von raffiniertem Zucker

1 kleine Banane
1 Portion Prep-Polentabrei
100 ml ungesüßter Mandeldrink (1,5 %)
2 EL Dinkelmehl (Type 630)
1 EL Rapsöl
1 TL restliche gemahlene Mandeln
1 TL entöltes Kakaopulver

At home

1 Die **Banane** schälen, eine Hälfte zerdrücken. **Polentabrei** mit **Mandeldrink** glatt rühren, dann **Dinkelmehl** sowie Bananenmus unterrühren. Im heißen **Öl** zwei Pfannkuchen bei niedriger Hitze backen, erst wenden, wenn die Oberfläche fest wird.

2 Andere Bananenhälfte mit gemahlenen **Mandeln** und **Kakao** zerdrücken, nach Bedarf mit etwas Wasser verdünnen. Pfannkuchen mit der Bananen-Schoko-Creme toppen.

Zubereitungszeit: 10 Min.
Garzeit: 5 Min.

Nährwerte pro Portion

ca. 524 kcal, F 16 g, KH 60 g, EW 11 g, BS 5 g

Woche 4

Donnerstag

Süßkartoffel-Rollos

Polenta-Pizza

Dieses Mal werden die Tortillas mit Süßkartoffeln und pikanter Sauce gefüllt. Du kannst sie auch extra mitnehmen und dippen. Abends gibt es eine schnelle Polenta-Pizza, überbacken mit Olivenpaste, Gemüse und Feta.

Donnerstagmittag

Süßkartoffel-Rollos

vegetarisch, laktosefrei,
frei von raffiniertem Zucker

100 g Prep-Süßkartoffel
1–2 EL Prep-Limettensaft
2 Prep-Tortillas
1 Portion Prep-Tomaten-Bohnen-Sauce
20 g Prep-Salat

To do **Süßkartoffel** mit **Limettensaft** zerdrücken und auf den **Tortillas** verteilen. Mit **Tomaten-Bohnen-Sauce** und **Salat** toppen und fest zusammenrollen. In eine Lunchbox packen.

To go Rollos in der Mikrowelle erhitzen oder kalt genießen.

Zubereitungszeit: 10 Min.

Nährwerte pro Portion

ca. 497 kcal, F 16 g, KH 66 g, EW 15 g, BS 11 g

Donnerstagabend

Polenta-Pizza

vegetarisch, glutenfrei,
frei von raffiniertem Zucker

50 g Kirschtomaten
2 breite Prep-Polentaschnitten
2–3 EL Prep-Olivenpaste
1 Portion Prep-Paprikagemüse
30 g Feta light (9 %)

At home

1 Den Backofen auf 180 °C vorheizen. **Tomaten** waschen und in Scheiben schneiden. **Polentaschnitten** auf ein mit Backpapier ausgelegtes Backblech setzen, mit **Olivenpaste** bestreichen, mit **Paprikagemüse** belegen und mit zerkrümeltem **Feta** bestreuen.

2 Die Polenta-Pizza im vorgeheizten Ofen 10 Min. so lange überbacken, bis der Käse bräunt.

Zubereitungszeit: 5 Min.
Backzeit: 10 Min.

Nährwerte pro Portion

ca. 462 kcal, F 30 g, KH 12 g, EW 14 g, BS 6 g

Woche 4
Freitag

Gefüllte Süßkartoffel mit Limettenjoghurt

Zweierlei Kartoffelgratin

Gefüllte Süßkartoffel mit erfrischendem Limettendip lässt sich mittags einfach mitnehmen und frisch mischen. Abends werden Süßkartoffeln und Kartoffeln mit Eiermilch saftig gratiniert – ein toller Abschluss!

Freitagmittag

Gefüllte Süßkartoffel mit Limettenjoghurt

vegetarisch, glutenfrei, frei von raffiniertem Zucker

½ Prep-Süßkartoffel
50 g Kirschtomaten
30 g Feta light (9 %)
20 g entsteinte grüne Oliven
50 g Naturjoghurt (3,5 %)
1 EL Prep-Limettensaft
Salz, Pfeffer

To do **Süßkartoffel** an der Schnittfläche mit einer Gabel auflockern. **Kirschtomaten** waschen, je nach Größe halbieren oder vierteln. Den **Fetakäse** zerkrümeln und die **Oliven** halbieren. Kartoffel mit Tomaten, Feta und Oliven füllen. Den **Joghurt** mit **Limettensaft, Salz** und **Pfeffer** abschmecken und separat mitnehmen.

To go Die Süßkartoffel nach Belieben in der Mikrowelle erhitzen und mit dem Limettenjoghurt toppen. Sie schmeckt auch kalt.

Zubereitungszeit: 10 Min.

Nährwerte pro Portion

ca. 414 kcal, F 14 g, KH 54 g, EW 10 g, BS 7 g

Freitagabend

Zweierlei Kartoffelgratin

vegetarisch, laktosefrei, glutenfrei, frei von raffiniertem Zucker

restliche Prep-Kartoffeln (ca. 150 g)
restliche Prep-Süßkartoffel
restliche Prep-Olivenpaste (2 EL)
50 g Kirschtomaten
1 Ei (Größe M)
150 ml ungesüßter Mandeldrink

At home

1 Den Backofen auf 180 °C Umluft vorheizen. **Kartoffeln** und **Süßkartoffel** pellen, in Scheiben schneiden und in einer Auflaufform mit **Olivenpaste** verteilen. Die **Tomaten** waschen und dazwischensetzen.

2 **Ei** mit **Mandeldrink** verquirlen und darübergießen. Im vorgeheizten Ofen etwa 25 Min. überbacken.

Zubereitungszeit: 5 Min.
Backzeit: 25 Min.

Nährwerte pro Portion

ca. 550 kcal, F 19 g, KH 70 g, EW 21 g, BS 7 g

5 NORDISCH GENIESSEN MIT FISCH UND GARNELEN

Es muss nicht immer die Mittelmeerkost sein. Entscheidend für den Gesundheitswert und den Abnehmerfolg sind ursprüngliche, regionale, pflanzliche Lebensmittel – und reichlich Fisch. Die nordische Diät boostet mit Omega-3-Fettsäuren, Eiweiß, Jod, Zink und Eisen in Lachs, Hering, Skrei und Nordseegarnelen, Roggen und Buchweizen, Rapsöl, Skyr und Quark. Die beste Ergänzung dazu sind typisch nordisches Gemüse und Beeren. Besonders köstlich: selbst gebackenes Knäckebrot und Graved Lachs. Diese Woche ist ein absolutes Highlight für Fischfans.

WOCHEN-SPEISEPLAN 5

Frühstück

Knäckebrot mit Quark und Beerenaufstrich

Montag

Garnelen-Buchweizen-Salat

Skrei mit Pellkartoffeln und Radieschen

To go

97

At home

97

Dienstag

Kartoffel-Karotten-Salat mit Pesto und Ei

Rösti mit Graved Lachs und Gurkensalat

99

99

Mittwoch

Karotten-Apfel-Salat mit Buchweizen

Rote Bete mit Meerrettich-Skyr und Graved Lachs

101

101

Donnerstag

Eiersalat mit Rohkost und Knäcke

Wurzelgemüse-Buchweizen-Eintopf mit Graved Lachs

103

103

Freitag

Sellerie-Apfel-Salat mit Skyr und Sonnenblumenkernen

Rosa Püree mit Matjes

105

105

Samstags einkaufen

Einkaufsliste für 1 Person

Gemüse, Kräuter und Obst

500 g kleine festkochende Kartoffeln
700 g kleine Rote Beten
800 g Karotten
150 g Babyspinat
4-5 große Stangen Staudensellerie (200-225 g)
1 Bund Radieschen (ca. 250 g)
2 Minisalatgurken (à ca. 125 g)
1 Zweig Thymian
1 Bund Dill
2 ½ Biozitronen
500 g Beeren
2 Äpfel (à ca. 150 g)

Frischprodukte

3 Eier (Größe M)
600 g Quark (20 % Fett)
ca. 300 g Skyr
350 g Lachsfilet
100 g Nordseegarnelen
200 g Skreifilet
1 Matjes (ca. 85 g)

Lagerprodukte

50 ml Orangensaft
50 g getrocknete Apfelringe

Aus dem Vorrat

280 g Buchweizen
120 g Sonnenblumenkerne
50 g Walnusskerne
80 g rote Linsen
Rapsöl
Meerrettich aus dem Glas
körniger Senf
Salz, Pfeffer
1 Lorbeerblatt
Kleehonig
unraffinierter Rohrzucker
Instant-Gemüsebrühe

www.mengenrechner.de

- Diätwoche auf mehrere Personen umrechnen
- Einkaufsliste aufs Handy holen

Tauschmöglichkeiten

Radieschengrün	gegen	Rucola oder Feldsalat
Rote Beten	gegen	Süßkartoffeln oder Rüben
Skrei	gegen	Kabeljau, Seelachs oder Schellfisch
85 g Matjes	gegen	190 g Räucherforelle oder 1 Paar Puten-Wiener (40 g)
350 g Lachsfilet	gegen	700 g rohe oder geräucherte Geflügelbrust
	Für vegane Variante tauschen	
3 Eier	gegen	240 g Räuchertofu
200 g Skreifilet	gegen	85 g Mandel-Sesam-Räuchertofu
85 g Matjes	gegen	110 g Mandel-Sesam-Räuchertofu
Lachsfilet	gegen	milden Räuchertofu (Black Forest)
100 g Nordseegarnelen	gegen	115 g Tofu Natur

Frühstück Woche 5
Knäckebrot mit Quark und Beerenaufstrich

vegetarisch, glutenfrei, frei von raffiniertem Zucker

Süß und kernig: So geht es diese Woche beim Frühstück zu. Das Knäckebrot ist durch Linsen, Buchweizen und Walnüsse glutenfrei und eiweißreich. Der Beerenaufstrich wird fest durch getrocknete Apfelringe, kommt ohne Zucker aus und schmeckt herrlich fruchtig. Cremiger Quark ist der perfekte Butterersatz. Du wirst nichts vermissen!

To do 2 **Prep-Nuss-Knäckebrote** >> Seite 94 mit je 3 EL **Quark** (20 % Fett) bestreichen und mit je 1 Portion (etwa 25 g) **Prep-Beerenaufstrich** >> Seite 95 toppen. Dazu 1 Portion **Beeren** (etwa 60 g) genießen.

Zubereitungszeit: 5 Min.

Nährwerte pro Portion

ca. 331 kcal, F 12 g, KH 30 g, EW 21 g, BS 7 g

Am Meal-Prep-Tag

SONNTAGS IN DER KÜCHE

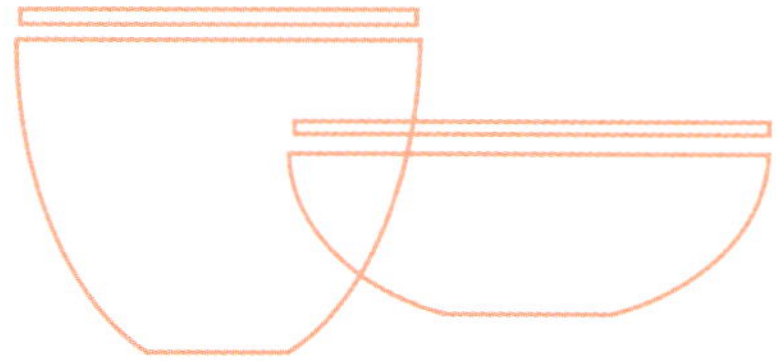

500 ml für Buchweizen

500 ml für Kartoffeln

Gesamtzeit der Vorbereitung: 2 Std.

>> SO GEHT'S AM SCHNELLSTEN

1. Linsen und Buchweizen fürs Prep-Nuss-Knäckebrot über Nacht einweichen.
2. Backofen auf 150 °C Umluft vorheizen.
3. Prep-Sonnenblumenkerne rösten.
4. Prep-Pesto mixen.
5. Prep-Nuss-Knäckebrot backen.
6. Inzwischen Prep-Buchweizen kochen.
7. Prep-Pellkartoffeln kochen.
8. Prep-Rote-Beten und Prep-Karotten garen.
9. Inzwischen Prep-Eier kochen.
10. Prep-Pellkartoffeln pellen.
11. Prep-Beerenaufstrich mixen.
12. Prep-Graved-Lachs zubereiten
13. Prep-Radieschen, Prep-Radieschenhack, Prep-Radieschengrün vorbereiten.

Im Ofen garen

Prep-Nuss-Knäckebrot 80 g rote **Linsen** und 80 g **Buchweizen** in etwa 400 ml Wasser über Nacht einweichen. Abgießen und das Wasser auffangen. Linsen-Buchweizen-Mischung mit 50 g **Walnüssen** pürieren, wenn nötig, etwas Einweichwasser zugeben. Mit **Salz** und 1–2 EL **Prep-Pesto** würzen. Zwei Backbleche mit Backpapier auslegen, mit einem Löffel etwa 16 Portionen abstechen und auf dem Blech zu flachen Fladen verstreichen. Im vorgeheizten Backofen bei 150 °C etwa 50 Min. knusprig backen.

Auf dem Herd

Prep-Sonnenblumenkerne 120 g **Sonnenblumenkerne** in einer beschichteten Pfanne rösten. 80 g fürs Pesto verwenden, den Rest im Schraubglas aufbewahren.

Prep-Buchweizen 200 g **Buchweizen** waschen, mit 300 ml Wasser, 1 TL **Salz,** 1 Zweig **Thymian** aufkochen, abgeschaltet ausquellen lassen. Für 4 Portionen.

Prep-Pellkartoffeln 500 g kleine **Kartoffeln** waschen, ungeschält in wenig Wasser mit etwas **Salz** 15 Min. garen, dann pellen. Für 3 Portionen.

450 ml für Knäckebrot

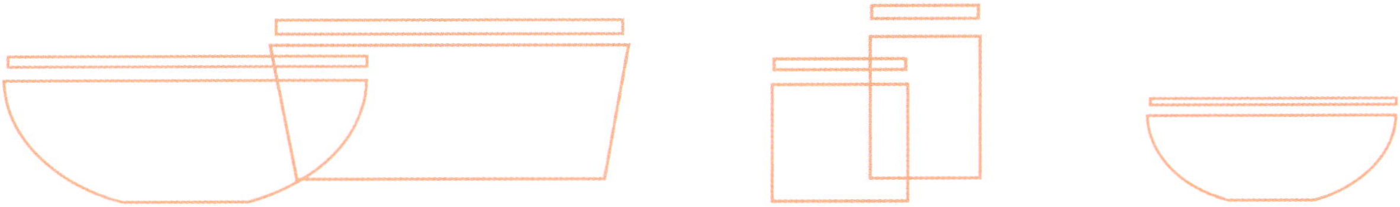

600 ml
für Rote Beten

600 ml
für Karotten

250 ml
für Eier

350 ml
für Pesto

300 ml
für Beerencreme

Prep-Rote-Beten und **Prep-Karotten** 700 g kleine **Rote Beten** waschen, mit wenig Wasser, etwas **Salz** und 1 **Lorbeerblatt** in einen Topf geben. 800 g **Karotten** waschen, wenn nötig, schälen, in einem Dämpfeinsatz über den Roten Beten platzieren, mit 50 ml **Orangensaft** beträufeln, **salzen, pfeffern** und zusammen etwa 40–50 Min. garen/dämpfen. Kalt stellen.

Prep-Eier 3 **Eier** etwa 8 Min. hart kochen. Abschrecken, abkühlen lassen, kalt stellen.

Fix gemacht

Prep-Pesto 150 g **Babyspinat** waschen, klein schneiden, mit 80 g gerösteten **Prep-Sonnenblumenkernen,** 1 EL **Rapsöl** und 2 EL **Zitronensaft** im Blitzhacker pürieren, mit **Salz** und **Pfeffer** würzen und, falls nötig, 1–2 EL Wasser zugeben. 1–2 EL für das **Prep-Nuss-Knäckebrot** abnehmen, der Rest ergibt 6 Portionen (à etwa 45 g).

Prep-Beerenaufstrich 200 g **Beeren** mit 50 g getrockneten **Apfelringen** im Blitzhacker sehr fein pürieren, mit 1 EL **Kleehonig** abschmecken, kühl lagern. Für 10 Portionen.

Prep-Graved-Lachs 350 g **Lachsfilet** mit der Haut nach unten in eine Glasform legen. 1 Bund **Dill** hacken. Dann ½ **Zitrone** auspressen und die Schale abreiben. Lachs mit Zitronensaft beträufeln, mit ½ TL **Salz,** 1 TL unraffiniertem **Rohrzucker, Pfeffer** und Dill bestreuen, mit Frischhaltefolie abdecken, möglichst etwas beschweren und kalt stellen. Für 3 Portionen.

Prep-Radieschen 1 Bund **Radieschen** (etwa 250 g) putzen, waschen. Eine Handvoll (etwa 50 g) Prep-Radieschen extra lagern. Den Rest im Blitzhacker zu **Prep-Radieschenhack** grob hacken, kalt stellen. Radieschengrün waschen, hacken. **Prep-Radieschengrün** extra aufbewahren.

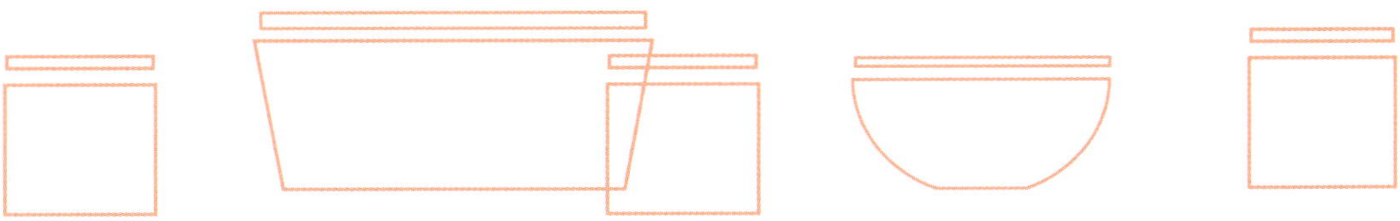

250 ml
für Sonnenblumenkerne

Glasschale
für Lachs

250 ml
für Radieschen

250 ml
für Radieschenhack

250 ml
für Radieschengrün

Woche 5

Montag

Garnelen-Buchweizen-Salat

Skrei mit Pellkartoffeln und Radieschen

Ein toller Garnelensalat mit nussigem Buchweizen und würzigem Pesto steht mittags auf dem Tisch. Abends wird frisches Fischfilet sanft gebraten. Dazu schmecken die Kartoffeln mitgebraten heiß oder kalt mit Radieschen gemischt als Salat.

Montagmittag

Garnelen-Buchweizen-Salat

laktosefrei, glutenfrei, frei von raffiniertem Zucker

100 g Prep-Rote-Beten
100 g gegarte Nordseegarnelen
½ Portion Prep-Radieschenhack
½ Portion Prep-Radieschengrün
1 Portion Prep-Buchweizen
1 Portion Prep-Pesto
1 EL Zitronensaft
Salz, Pfeffer
1 Prep-Nuss-Knäckebrot

To do Die **Roten Beten** schälen und in Würfel schneiden. Mit **Nordseegarnelen, Radieschenhack, Radieschengrün, Buchweizen** und **Pesto** mischen, mit **Zitronensaft, Salz** und **Pfeffer** abschmecken und in eine Box füllen. Das **Knäckebrot** extra verpacken.

To go Salat mit Knäcke genießen.

Zubereitungszeit: 10 Min.

Nährwerte pro Portion

ca. 483 kcal, F 10 g, KH 59 g, EW 33 g, BS 9 g

Montagabend

Skrei mit Pellkartoffeln und Radieschen

laktosefrei, glutenfrei, frei von raffiniertem Zucker

200 g Skreifilet
Salz, Pfeffer
1 EL Rapsöl
1 Portion Prep-Pellkartoffeln
restliches Prep-Radieschenhack
1 Portion Prep-Pesto

At home

1 **Fisch salzen, pfeffern** und in einer Pfanne im **Rapsöl** von beiden Seiten bei kleiner Hitze insgesamt etwa 8 Min. garen. **Pellkartoffeln** klein schneiden, zugeben und mitbraten.

2 Inzwischen **Radieschenhack salzen** und **pfeffern.**

3 Das **Pesto** in die Pfanne rühren und den Skrei mit Kartoffeln und Radieschenhack genießen.

TIPP Du kannst die Kartoffelstücke kalt mit Radieschenhack gemischt als Salat zum Fisch genießen.

Zubereitungszeit: ca. 3 Min.
Garzeit: 8 Min.

Nährwerte pro Portion

ca. 521 kcal, F 20 g, KH 34 g, EW 47 g, BS 5 g

Kartoffel-Karotten-Salat
mit Pesto und Ei

Woche 5
Dienstag

Rösti mit Graved Lachs
und Gurkensalat

Zum Mitnehmen werden Kartoffeln und Karotten mit Pesto zum Salat gemixt. Abends darf der Graved Lachs hauchdünn angeschnitten werden. Dazu gibt es Rösti und Gurkensalat.

Dienstagmittag

Kartoffel-Karotten-Salat mit Pesto und Ei

vegetarisch, laktosefrei, glutenfrei, frei von raffiniertem Zucker

1 Portion Prep-Pellkartoffeln
250 g Prep-Karotten
1 Portion Prep-Pesto
2 EL körniger Senf
Salz, Pfeffer
1 Prep-Ei
1 Prep-Nuss-Knäckebrot

To do **Pellkartoffeln** und **Karotten** in Scheiben schneiden, mit **Pesto** und **Senf** mischen und mit **Salz** und **Pfeffer** abschmecken, eventuell mit Wasser verdünnen. In eine Lunchbox packen. **Ei** und **Knäckebrot** extra mitnehmen.

To go Das Ei pellen, halbieren und mit dem Knäckebrot zum Salat genießen.

TIPP Wer kein Ei mag, nimmt stattdessen etwa 75 g Nordseegarnelen oder 2 Minigeflügelwiener oder 100 g Tofu Natur.

Zubereitungszeit: 10 Min.

Nährwerte pro Portion

ca. 482 kcal, F 15 g, KH 58 g, EW 21 g, BS 12 g

Dienstagabend

Rösti mit Graved Lachs und Gurkensalat

laktosefrei, glutenfrei, frei von raffiniertem Zucker

1 Portion Prep-Pellkartoffeln
Salz, Pfeffer
1 EL Rapsöl
1 ½ Minisalatgurken (insg. ca. 185 g)
restliches Prep-Radieschengrün
2 EL Zitronensaft
1 Portion Prep-Graved-Lachs (ca. 120 g)

At home

1 Die **Kartoffeln** grob raspeln, mit **Salz** und **Pfeffer** würzen. **Öl** in einer kleinen, beschichteten Pfanne erhitzen, die Kartoffelraspel hineindrücken und braten. Nach etwa 3 Min. mithilfe eines Deckels wenden und fertig braten.

2 Inzwischen die **Gurken** waschen und in Scheiben hobeln. Dann mit **Radieschengrün, Zitronensaft, Salz** und **Pfeffer** vermengen.

3 Vom **Lachs** eine Portion hauchdünn von der Haut schneiden. Zu Rösti und Salat genießen.

Zubereitungszeit: 15 Min.

Nährwerte pro Portion

ca. 479 kcal, F 24 g, KH 34 g, EW 28 g, BS 4 g

Karotten-Apfel-Salat
mit Buchweizen

Woche 5
Mittwoch

Rote Bete mit Meerrettich-
Skyr und Graved Lachs

Der milde Salat am Mittag ist besonders gut verträglich und ein wunderbarer Sattmacher. Der Skyr-Meerrettich-Dip zum Abendbrot macht die Roten Beten saftig und passt perfekt zum Graved Lachs.

Mittwochmittag

Karotten-Apfel-Salat mit Buchweizen

vegetarisch, glutenfrei,

frei von raffiniertem Zucker

150 g Prep-Karotten
1 Apfel (ca. 150 g)
20 g Prep-Sonnenblumenkerne
1 Portion Prep-Buchweizen
1 Portion Prep-Pesto
1–2 EL Skyr
Salz, Pfeffer
1 Prep-Nuss-Knäckebrot

To do **Karotten** in Scheiben schneiden. **Apfel** waschen, ungeschält raspeln und mit Karotten, **Sonnenblumenkernen** und **Buchweizen** in eine Box geben. **Pesto** mit **Skyr** mischen, über die Zutaten träufeln und vermengen. Mit **Salz** und **Pfeffer** abschmecken. **Knäckebrot** extra verpacken.

To go Salat mit Knäckebrot genießen.

Zubereitungszeit: 10 Min.

Nährwerte pro Portion

ca. 550 kcal, F 14 g, KH 78 g, EW 20 g, BS 12 g

Mittwochabend

Rote Bete mit Meerrettich-Skyr und Graved Lachs

glutenfrei, frei von raffiniertem Zucker

ca. 300 g Prep-Rote-Beten
1 EL Meerrettich aus dem Glas
100 g Skyr
2 EL Zitronensaft
Salz, Pfeffer
1 Portion Prep-Graved Lachs (ca. 120 g)

At home

1 Die **Roten Beten** im Ganzen in der Mikrowelle oder im Backofen erhitzen. Dann schälen.
2 **Meerrettich** mit **Skyr, Zitronensaft,** etwas **Salz** und **Pfeffer** zum Dip mixen.
3 Vom **Lachs** eine Portion hauchdünn von der Haut schneiden und mit Roten Beten und Dip genießen.

TIPP Wer Rote Bete nicht mag, der nimmt Süßkartoffeln oder ein anderes Wurzelgemüse.

Zubereitungszeit: 10 Min.

Nährwerte pro Portion

ca. 449 kcal, F 14 g, KH 31 g, EW 40 g, BS 9 g

Woche 5
Donnerstag

Eiersalat mit Rohkost und Knäcke

Wurzelgemüse-Buchweizen-Eintopf mit Graved Lachs

Mittags macht der köstliche Brotaufstrich lange satt, denn hart gekochte Eier haben im Magen eine Verweildauer von etwa 6 Stunden. Abends gibt es einen herzhaften Eintopf mit Buchweizen und der letzten Lachsportion.

Donnerstagmittag

Eiersalat mit Rohkost und Knäcke

vegetarisch, laktosefrei, glutenfrei, frei von raffiniertem Zucker

2 Prep-Eier
1 Portion Prep-Pesto
½ Minisalatgurke (ca. 60 g)
1 Handvoll Prep-Radieschen (ca. 50 g)
1–2 große Stangen Staudensellerie
2 Prep-Nuss-Knäckebrote

To do **Eier** pellen, grob hacken, mit dem **Pesto** vermischen und in eine Lunchbox füllen. **Gurke, Radieschen, Sellerie** und **Knäckebrote** extra mitnehmen.

To go Den Salat mit Rohkost und Knäcke genießen.

TIPP Die Radieschen werden besonders knackig, wenn sie über Nacht im Kühlschrank in gut fingerhohem Wasser liegen.

Zubereitungszeit: 10 Min.

Nährwerte pro Portion

ca. 399 kcal, F 22 g, KH 23 g, EW 25 g, BS 7 g

Donnerstagabend

Wurzelgemüse-Buchweizen-Eintopf mit Graved Lachs

glutenfrei, frei von raffiniertem Zucker

150 g Prep-Rote-Beten
150 g Prep-Karotten
1 Portion Prep-Buchweizen
100 ml Gemüsebrühe
2 EL Skyr
Pfeffer
restliche Portion Prep-Graved-Lachs (ca. 120 g)

At home

1 **Rote Beten** schälen und mit den **Karotten** klein schneiden. Beides mit **Buchweizen** und **Gemüsebrühe** in einen Topf geben, erhitzen und mit **Skyr** und **Pfeffer** abschmecken.

2 Restlichen **Lachs** hauchdünn von der Haut schneiden. Eintopf damit toppen und genießen.

Zubereitungszeit: 5 Min.
Garzeit: 5 Min.

Nährwerte pro Portion

ca. 567 kcal, F 15 g, KH 62 g, EW 37 g, BS 11 g

Sellerie-Apfel-Salat mit Skyr und Sonnenblumenkernen

Woche 5 Freitag

Rosa Püree mit Matjes

Der frische Sellerie-Apfel-Salat wird durch Skyr schön cremig und durch Pesto würzig. Das letzte Knäckebrot darf geknuspert werden. Abends gibt es zur Belohnung Matjes mit einem milden Püree!

Freitagmittag

Sellerie-Apfel-Salat mit Skyr und Sonnenblumenkernen

vegetarisch, glutenfrei, frei von raffiniertem Zucker

1 Apfel (ca. 150 g)
3 große Stangen Staudensellerie
20 g Prep-Sonnenblumenkerne
100 g Skyr
1 Portion Prep-Pesto
Salz, Pfeffer
1 Prep-Nuss-Knäckebrot

To do **Apfel** waschen und ungeschält grob raspeln. **Selleriestangen** waschen, Fäden abziehen und Stangen in Scheiben hobeln. Mit Apfel, **Sonnenblumenkernen, Skyr** und **Pesto** in einer Box mischen, mit **Salz** und **Pfeffer** würzen. **Knäckebrot** extra verpacken.

To go Den Salat mit Knäcke knabbern.

Zubereitungszeit: 8 Min.

Nährwerte pro Portion

ca. 413 kcal, F 13 g, KH 39 g, EW 25 g, BS 10 g

Freitagabend

Rosa Püree mit Matjes

glutenfrei, frei von raffiniertem Zucker

restliche Prep-Rote-Beten (ca. 150 g)
restliche Prep-Karotten (ca. 150 g)
1 Portion Prep-Buchweizen
1–2 EL Skyr
Salz, Pfeffer
1 TL Meerrettich aus dem Glas
1 Matjes (ca. 85 g)

At home

1 Die **Rote Beten** schälen und mit **Karotten, Buchweizen, Skyr,** etwas **Salz** und **Pfeffer** pürieren. Das Püree erhitzen, falls nötig, mit etwas Wasser verdünnen. Mit **Meerrettich** würzen.

2 **Matjes** zum heißen Püree genießen.

Zubereitungszeit: 5 Min.
Garzeit: 5 Min.

Nährwerte pro Portion

ca. 539 kcal, F 20 g, KH 59 g, EW 23 g, BS 10 g

6 DIE GRÜNE WOCHE MIT BROT UND VIEL GRÜNZEUG

Wer Brot und frische grüne Kräuter, Blattsalate, Radieschen, Kohlrabi, Karotten und neue Kartoffeln liebt und außerdem gern mit Quark, Joghurt, Ei und Fisch ergänzt, i(s)st hier richtig. Zum Frühstück gibt es selbst gebackenes Brot, saftig durch viel Gemüse im Teig. Und als Extra jeden Tag eine Riesenportion grünen Salat mit Kräuterdressing – nach Wunsch abends oder mittags. Das macht so richtig fit!

WOCHEN-SPEISEPLAN 6

Frühstück

Buntes Brot mit Kräuterquark

To go

At home

	Montag	Dienstag
To go	Grüne Sauce mit Knabbergemüse und Brot	Grüne Kichererbsensuppe mit Brot und Erdbeeren
At home	Grüne Kichererbsensuppe mit Croûtons und Salat	Gemüse-Brot-Auflauf mit Salat

115

117

115

117

Mittwoch

Kartoffel-Gemüse-Schichtsalat mit Kräuterquark

Fisch in grüner Sauce mit Kartoffelsalat

119

119

Donnerstag

Kartoffelsalat mit Wiener und Radieschen

Kohlrabischnitzel mit Kräuterquark und Salat

121

121

Freitag

Brot-Gemüse-Salat mit grüner Joghurtsauce

Kartoffel-Gemüse-Pfanne mit Feta und Salat

123

123

Samstags einkaufen

Einkaufsliste für 1 Person

Gemüse, Kräuter und Obst

1,1 kg neue Kartoffeln
750 g grüner Spargel
1 kg Kohlrabi
800 g junge Karotten
3–4 Frühlingszwiebeln
1 großer Kopfsalat
3 Bund Radieschen (ca. 600 g)
1–2 Salatgurken
je 1 Bund glatte Petersilie, Basilikum und Schnittlauch
2 Beete Kresse
1 Zitrone
200 g Erdbeeren (oder andere Beeren)

Frischprodukte

4 Eier (Größe M) und 1 Ei (Größe S)
500 g Magerquark
ca. 350 ml Buttermilch
50 g Schmand
300 g Naturjoghurt (3,5 %)
100 g Feta light (9 %)
½ Würfel Hefe
2 kleine glutenfreie Puten-Wiener (à 40 g)
50 g geräucherte Lachsforelle in Scheiben
150 g weißfleischiges Fischfilet (Kabeljau, Scholle oder Heilbutt)

Lagerprodukte

Mineralwasser mit Kohlensäure
1 Dose Kichererbsen (240 g Abtropfgewicht)

Aus dem Vorrat

280 g Dinkelvollkornmehl
30 g Goldleinsamen
ca. 125 g Kürbiskerne
Rapsöl
Weißweinessig
Dijonsenf
Salz, Pfeffer
Instant-Gemüsebrühe
Honig
mildes Currypulver

www.mengenrechner.de

- Diätwoche auf mehrere Personen umrechnen
- Einkaufsliste aufs Handy holen

Tauschmöglichkeiten

grüner Spargel	gegen	Paprika, Brokkoli
Erdbeeren	gegen	Himbeeren, Heidelbeeren, zwei Äpfel
Dinkelvollkornmehl	gegen	Weizenvollkornmehl, Weizenmehl (Type 1050)
Goldleinsamen	gegen	braune Leinsamen

Für vegane Varianten tauschen

5 Eier	gegen	300 g Seidentofu
Feta	gegen	100 g veganen Käseersatz
2 Puten-Wiener	gegen	2 Tofu-Würstchen
150 g Fisch	gegen	150 g Tofu
50 g Lachsforelle	gegen	1–2 Scheiben veganen Käse (ca. 20 g Fett absolut)

Frühstück Woche 6

Buntes Brot mit Kräuterquark

vegetarisch, frei von raffiniertem Zucker

Das Prep-Brot aus Dinkelvollkorn enthält viel Gemüse und ist sehr saftig.

To do 1 Scheibe **Prep-Gemüsebrot** (etwa 90 g) mit etwa 50 g **Prep-Aufstrich** bestreichen. Dann 1 EL **Prep-Kürbiskerne** >> alle Rezepte: Seiten 112–113 darüberstreuen. Dazu eine Handvoll **Rohkost** essen: Kohlrabi, Gurke, Radieschen.

TIPP Den Rest vom Prep-Aufstrich als Dip verwenden. – Wer lieber süß isst: 70 g puren Magerquark aufs Brot streichen, mit 1 EL Prep-Beerenaufstrich (Seite 95) und Erdbeeren oder anderen Beeren (etwa 100 g) belegen, dazu Obst (1 Apfel) genießen. Dann brauchst du keinen pikanten Aufstrich.

Zubereitungszeit: 5 Min.

Nährwerte pro Portion

ca. 324 kcal, F 13 g, KH 27 g, EW 20 g, BS 7 g

Am Meal-Prep-Tag

SONNTAGS IN DER KÜCHE

400 ml für Brot, grüne Sauce, Aufstrich

1,2 l für Kartoffeln

250 ml für Eier

Gesamtzeit der Vorbereitung: 2 Std. 30 Min.

>> SO GEHT'S AM SCHNELLSTEN

1. Prep-Pellkartoffeln kochen.
2. Inzwischen Prep-Eier kochen.
3. Prep-Gemüsebrotteig kneten und gehen lassen.
4. Inzwischen Prep-Kräuter hacken.
5. Prep-Pellkartoffeln pellen.
6. Prep-Gemüsebrot weiterverarbeiten, gehen lassen.
7. Backofen auf 200 °C Umluft vorheizen.
8. Prep-Kürbiskerne hacken.
9. Prep-Kopfsalat waschen.
10. Prep-Radieschen und Prep-Radieschengrün vorbereiten.
11. Prep-Gemüsebrot backen.
12. Prep-Gemüse dämpfen.
13. Derweil Prep-Kichererbsensuppe mixen.
14. Prep-Kräuterquark zubereiten.
15. Prep-Grüne-Sauce mixen.
16. Prep-Aufstrich zubereiten.
17. Prep-Kräuterdressing mixen.

Im Ofen garen

Prep-Gemüsebrot ½ Würfel **Hefe** und 1 TL **Honig** in 150 ml handwarmer **Buttermilch** auflösen, eventuell mit 1 EL Wasser verdünnen. Mit 250 g **Dinkelvollkornmehl** zu einem glatten Teig verkneten, etwa 30 Min. gehen lassen. 100 g **Prep-Pellkartoffeln** durch die Kartoffelpresse drücken. 100 g **Karotten** fein raspeln. 250 g **grünen Spargel** im unteren Drittel schälen. Kastenform (20 cm Länge) mit Backpapier auslegen. Zerdrückte Kartoffeln, Karotten, ein Viertel **Prep-Kräuter** (mit **Kresse)** und 1–2 TL **Salz** in den Teig kneten, ein Drittel in die Form füllen. Hälfte des Spargels einlegen, wieder ein Drittel Teig einfüllen, übrigen Spargel darauflegen, restlichen Teig einfüllen, etwa 30 Min. gehen lassen. Backofen auf 200 °C Umluft vorheizen, Form hineingeben und etwa 50 Min. backen. Abkühlen lassen, am nächsten Tag in zehn Scheiben schneiden.

Auf dem Herd

Prep-Pellkartoffeln 1,15 kg neue **Kartoffeln** waschen, etwa 20 Min. gar dämpfen. Abschrecken, pellen, kühl aufbewahren.

Prep-Eier 2 **Eier** (Größe M) in kochendes Wasser geben und 7 Min. kochen. Abschrecken, pellen, kühl lagern.

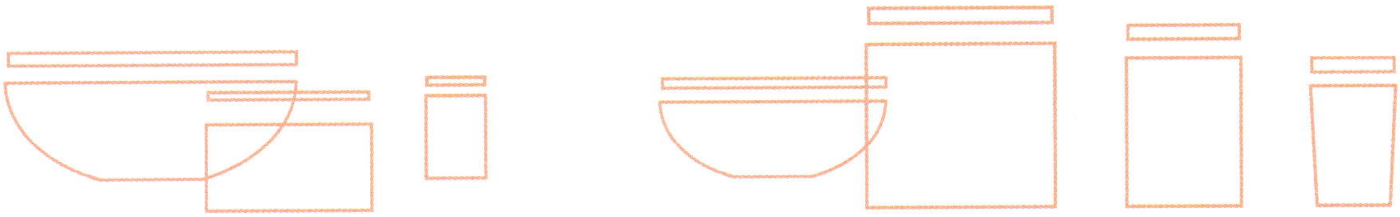

Prep-Gemüse Etwa 500 g **Kohlrabi** (2–3 Stück) waschen. Kohlrabigrün abtrennen, in Streifen schneiden. Knollen schälen, in fingerdicke Scheiben schneiden. 500 g **grünen Spargel** im unteren Drittel schälen. 500 g **Karotten** eventuell schälen, längs halbieren und etwa 15 Min. knackig dämpfen. 300 g große Kohlrabischeiben aus der Mitte für Donnerstagabend kalt stellen. Rest in mundgerechte Stücke teilen, kalt stellen.

Fix gemacht

Prep-Kräuter Je 1 Bund **Petersilie, Basilikum** und **Schnittlauch** waschen. Schnittlauch in Röllchen schneiden, Petersilie fein hacken, Basilikum in Streifen schneiden. Mischen, in einer Box kühl lagern. 2 Beete **Kresse** waschen, bei Verwendung der Prep-Kräuter frisch vom Beet schneiden.

Prep-Kürbiskerne Etwa 100 g **Kürbiskerne** fein hacken, in einem Glas luftdicht aufbewahren.

Prep-Kopfsalat **Kopfsalat** waschen, klein zupfen, kühl lagern.

Prep-Radieschen und **Prep-Radieschengrün** Von 3 Bund **Radieschen** das Grün samt Stielen abtrennen, waschen und das Prep-Radieschengrün für die Prep-Kichererbsensuppe beiseitestellen. Prep-Radieschen waschen, kühl lagern.

Prep-Kichererbsensuppe Das **Prep-Radieschengrün** grob hacken. **Kichererbsen** (Dose; 240 g Abtropfgewicht) abgießen, mit 200 ml **Gemüsebrühe,** Radieschengrün und 150 g **Naturjoghurt** mixen. Mit **Salz, Pfeffer, Zitronensaft** abschmecken. 30 g **Prep-Kürbiskerne** rösten und unterziehen. Kalt stellen. Für 2 Portionen.

Prep-Kräuterquark 3–4 **Frühlingszwiebeln** putzen und in dünne Ringe schneiden. Mit 500 g **Magerquark, Salz, Pfeffer,** 2 EL **Rapsöl,** 2 EL **Leinsamen** (30 g) und 1 Schuss **Mineralwasser** cremig rühren. 2 EL gehackte **Prep-Kräuter** (mit **Kresse)** zufügen.

Prep-Grüne-Sauce 150 g gegarte **Kohlrabiendstücke** vom Prep-Gemüse klein schneiden, mit 2 **Prep-Eiern,** 50 g **Schmand,** 3–4 EL **Buttermilch** und einer Handvoll gehackten **Prep-Kräutern** (mit **Kresse)** im Blitzhacker pürieren, **salzen** und **pfeffern.** Für 4 Portionen.

Prep-Aufstrich 350 g **Prep-Kräuterquark** und 1 Portion **Prep-Grüne-Sauce** verrühren, kalt stellen. Für 5 Portionen.

Prep-Kräuterdressing 2–3 EL **Prep-Kräuter** (mit **Kresse)** mit 2 EL **Senf,** 1 TL **Salz, Pfeffer,** 2 EL **Rapsöl** und 2 EL **Weißweinessig** aufschlagen. Mit etwa 150 ml **Gemüsebrühe** und einer zerdrückten **Prep-Pellkartoffel** (50 g) pürieren. Kalt stellen.

Grüne Sauce mit
Knabbergemüse und Brot

Woche 6
Montag

Grüne Kichererbsensuppe
mit Croûtons und Salat

Lachsforelle ist leichter als Lachs, deshalb gibt es mittags eine damit dick belegte Gemüsebrotschnitte mit grüner Sauce statt Butter, dazu Rohkost satt. Abends dann Kichererbsensuppe mit Kräutern, würzigem Feta und Croûtons.

Montagmittag

Grüne Sauce mit Knabbergemüse und Brot

frei von raffiniertem Zucker

1 Scheibe Prep-Gemüsebrot
50 g geräucherte Lachsforelle in Scheiben
1 Portion Prep-Grüne-Sauce
einige Prep-Radieschen
ca. 1 Handvoll Gurkenscheiben
ca. 1 Handvoll rohe Kohlrabispalten
einige rohe junge Karotten

To do **Brot, Lachsscheiben, Sauce** und so viel **Rohkost,** wie gewünscht, getrennt einpacken.

To go Die Brotscheibe dick mit Sauce bestreichen und mit Lachs belegen. Die übrige Sauce mit der Rohkost dippen.

Zubereitungszeit: 5 Min.

Nährwerte pro Portion

ca. 342 kcal, F 12 g, KH 30 g, EW 24 g, BS 8 g

Montagabend

Grüne Kichererbsensuppe mit Croûtons und Salat

vegetarisch, frei von raffiniertem Zucker

1 Scheibe Prep-Gemüsebrot
1 Portion Prep-Kichererbsensuppe
ca. 50 g Prep-Kopfsalat
3 EL Prep-Kräuterdressing
50 g Feta light (9 %)
1 EL Prep-Kräuter (mit Kresse)

At home

1. **Brotscheibe** in Würfel schneiden und in einer beschichteten Pfanne unter gelegentlichem Wenden ohne Fettzugabe rösten.
2. Inzwischen die **Suppe** erhitzen.
3. Den **Kopfsalat** mit dem **Kräuterdressing** anmachen.
4. Den **Feta** zerkrümeln und mit den **Kräutern** unter die Suppe ziehen. Mit den Croûtons bestreuen.

Zubereitungszeit: 5 Min.
Garzeit: 5 Min.

Nährwerte pro Portion

ca. 562 kcal, F 21 g, KH 49 g, EW 36 g, BS 12 g

Grüne Kichererbsensuppe
mit Brot und Erdbeeren

Woche 6
Dienstag

Gemüse-Brot-Auflauf
mit Salat

Heute gibt es die zweite Portion Kichererbsensuppe, die auch kalt toll schmeckt. Dazu eine Scheibe Gemüsebrot und Erdbeeren als Nachtisch. Abends wird das Brot mit viel Gemüse und Eierguss zum schnellen Auflauf. Natürlich mit Salat.

Dienstagmittag

Grüne Kichererbsensuppe mit Brot und Erdbeeren

vegetarisch, frei von raffiniertem Zucker

restliche Prep-Kichererbsensuppe
1 EL Prep-Kräuter (mit Kresse)
1 Scheibe Prep-Gemüsebrot
200 g Erdbeeren

To do Die **Suppe** entweder erhitzen und in einen Thermobehälter füllen oder kalt mitnehmen. Die **Kräuter** separat mitnehmen, das **Brot** extra verpacken. Die **Erdbeeren** waschen, entstielen und auch extra verpacken.

To go Die Suppe kalt oder warm genießen, mit Kräutern bestreuen. Dazu das Brot essen. Zum Nachtisch Erdbeeren genießen.

Zubereitungszeit: 5 Min.

Nährwerte pro Portion

ca. 510 kcal, F 15 g, KH 58 g, EW 25 g, BS 15 g

Dienstagabend

Gemüse-Brot-Auflauf mit Salat

vegetarisch, frei von raffiniertem Zucker

1 Scheibe Prep-Gemüsebrot
300 g Prep-Gemüse
2 Eier (Größe M)
100 ml Buttermilch
2 EL Prep-Kräuter (mit Kresse)
Salz, Pfeffer
ca. 50 g Prep-Kopfsalat
3 EL Prep-Kräuterdressing

At home

1 Den Backofen auf 200 °C Umluft vorheizen. Das **Brot** würfeln und mit dem **Gemüse** in einer flachen Gratinform verteilen.

2 Die **Eier** mit **Buttermilch, Kräutern,** etwas **Salz** und **Pfeffer** verquirlen und über die Gemüsemischung gießen. Dann im vorgeheizten Backofen etwa 20 Min. überbacken.

3 Den **Salat** mit dem **Kräuterdressing** anmachen. Mit dem Auflauf genießen.

Zubereitungszeit: 5 Min.
Backzeit: ca. 20 Min.

Nährwerte pro Portion

ca. 454 kcal, F 17 g, KH 41 g, EW 29 g, BS 10 g

Kartoffel-Gemüse-Schichtsalat mit Kräuterquark

Woche 6
Mittwoch

Fisch in grüner Sauce mit Kartoffelsalat

Kartoffeln und Gemüse, mit Kräuterquark und Kürbiskernen geschichtet, machen mittags satt. Abends gibt es grünen Kartoffelsalat und dazu frischen Fisch, pochiert in grüner Sauce. Und wieder grünen Salat on top!

Mittwochmittag

Kartoffel-Gemüse-Schichtsalat mit Kräuterquark

vegetarisch, glutenfrei, frei von raffiniertem Zucker

200 g Prep-Pellkartoffeln
200 g Prep-Gemüse
2–3 EL Prep-Kräuter (mit Kresse)
2–3 EL Prep-Kräuterdressing
100 g Prep-Kräuterquark
20 g Prep-Kürbiskerne

To do **Kartoffeln** in Scheiben schneiden. **Gemüse** mundgerecht würfeln. Die **Kräuter** mit **Dressing** und **Quark** verrühren, abwechselnd mit Kartoffeln, Gemüse und **Kürbiskernen** in eine Lunchbox schichten und verschließen.

To go Den Salat mittags Schicht für Schicht genießen.

Zubereitungszeit: 10 Min.

Nährwerte pro Portion

ca. 464 kcal, F 16 g, KH 44 g, EW 26 g, BS 10 g

Mittwochabend

Fisch in grüner Sauce mit Kartoffelsalat

glutenfrei, frei von raffiniertem Zucker

400 g Prep-Pellkartoffeln
7 EL Prep-Kräuterdressing
Salz, Pfeffer
150 g weißfleischiges Fischfilet (Kabeljau, Scholle oder Heilbutt)
1 EL gehackte Prep-Kräuter (mit Kresse)
2 EL Zitronensaft
1 Portion Prep-Grüne-Sauce
ca. 50 g Prep-Kopfsalat

At home

1 **Kartoffeln** in Scheiben schneiden, mit 4 EL **Dressing,** etwas **Salz** und **Pfeffer** vermischen. Die Hälfte für Donnerstagmittag kalt stellen.

2 Den **Fisch salzen, pfeffern,** in den **Kräutern** wenden. **Zitronensaft** in eine kleine Pfanne geben, den Fisch darin bei kleiner Hitze von beiden Seiten 2–4 Min. garen. Die **grüne Sauce** zugeben.

3 **Kopfsalat** mit restlichem **Dressing** mischen, mit Fisch in grüner Sauce und Kartoffelsalat genießen.

Zubereitungszeit: ca. 5 Min.
Garzeit: 10 Min.

Nährwerte pro Portion

ca. 469 kcal, F 15 g, KH 38 g, EW 40 g, BS 5 g

Kartoffelsalat mit Wiener und Radieschen

Woche 6

Donnerstag

Kohlrabischnitzel mit Kräuterquark und Salat

Mittags gibt es die zweite Portion Kartoffelsalat von gestern, aufgepeppt mit Radieschen und Gurke und dazu Puten-Wiener. Abends dann ein Hit: knusprige Kohlrabischnitzel mit Quark und – natürlich – grünem Salat.

Donnerstagmittag

Kartoffelsalat mit Wiener und Radieschen

glutenfrei, frei von raffiniertem Zucker

1 Handvoll Prep-Radieschen
1 Stück Salatgurke
2 EL Prep-Kräuterquark
restlicher Kartoffelsalat (siehe Mittwochabend)
2 kleine glutenfreie Puten-Wiener (à 40 g)
Salz, Pfeffer
Dijonsenf nach Belieben

To do **Radieschen** in Spalten schneiden. **Gurke** waschen, in dicke Streifen schneiden und beides in eine Lunchbox geben. Mit **Kräuterquark** toppen und den **Kartoffelsalat** darauf verteilen. Die **Wiener** extra verpacken.

To go Kartoffelsalat durchmischen, mit **Salz** und **Pfeffer** nachwürzen. Wiener kalt oder warm und nach Belieben mit **Senf** dazu essen.

Zubereitungszeit: 5 Min.

Nährwerte pro Portion

ca. 467 kcal, F 27 g, KH 34 g, EW 20 g, BS 3 g

Donnerstagabend

Kohlrabischnitzel mit Kräuterquark und Salat

vegetarisch, frei von raffiniertem Zucker

300 g große Prep-Kohlrabischeiben
Salz, Pfeffer
ca. 30 g Dinkelvollkornmehl
1 Ei (Größe S)
4 EL Buttermilch
mildes Currypulver
2 EL Rapsöl
ca. 50 g Prep-Kopfsalat
3 EL Prep-Kräuterdressing
50 g Prep-Kräuterquark

At home

1 **Kohlrabischeiben salzen, pfeffern** und im **Mehl** wenden.
2 **Ei** mit **Buttermilch,** etwas **Currypulver, Salz** und **Pfeffer** verquirlen und die Mehlreste unterziehen.
3 **Öl** in einer beschichteten Pfanne erhitzen. Kohlrabischeiben durch den Teig ziehen und goldgelb ausbacken.
4 Den **Kopfsalat** mit dem **Dressing** mischen, mit Kohlrabischnitzeln und **Kräuterquark** genießen.

Zubereitungszeit: 5 Min.
Garzeit: 10 Min.

Nährwerte pro Portion

ca. 540 kcal, F 31 g, KH 36 g, EW 24 g, BS 9 g

Woche 6 Freitag

Brot-Gemüse-Salat mit grüner Joghurtsauce

Kartoffel-Gemüse-Pfanne mit Feta und Salat

Mittags ein Gemüsebrotsalat vom Feinsten – das cremige Dressing kommt ganz zum Schluss darüber. Abends dann eine schlichte Kartoffel-Gemüse-Pfanne, mit Feta gebraten und mit Kräutern bestreut. Dazu den letzten grünen Wochensalat.

Freitagmittag

Brot-Gemüse-Salat mit grüner Joghurtsauce

vegetarisch, frei von raffiniertem Zucker

1 Scheibe Prep-Gemüsebrot
200 g Prep-Gemüse (ohne Kohlrabi)
150 g Naturjoghurt (3,5 %)
1 Portion Prep-Grüne-Sauce
1 EL Prep-Kräuter (mit Kresse)
Salz, Pfeffer

To do Die **Brotscheibe** toasten und in Würfel schneiden. Das **Gemüse** in ähnlich große Stücke schneiden. Beides in eine Lunchbox füllen. **Joghurt** mit **grüner Sauce** und **Kräutern** verrühren, mit **Salz** und **Pfeffer** abschmecken und extra verpacken.

To go Die grüne Joghurtsauce mit dem Brot-Gemüse-Mix mischen und mittags genießen.

TIPP Wenn du alles wie angegeben eingeteilt hast, dann enthält das Prep-Gemüse ab jetzt keinen Kohlrabi mehr.

Zubereitungszeit: 10 Min.

Nährwerte pro Portion

ca. 373 kcal, F 14 g, KH 38 g, EW 19 g, BS 8 g

Freitagabend

Kartoffel-Gemüse-Pfanne mit Feta und Salat

vegetarisch, glutenfrei, frei von raffiniertem Zucker

200 g Prep-Pellkartoffeln
restliches Prep-Gemüse (ohne Kohlrabi, 150–200 g)
1 TL Rapsöl
50 g Feta light (9 %)
2–3 EL Prep-Kräuter (mit Kresse)
Salz, Pfeffer
50 g Prep-Kopfsalat
3 EL Prep-Kräuterdressing

At home

1 **Kartoffeln** und **Gemüse** in mundgerechte Stücke teilen und in einer beschichteten Pfanne im **Öl** anrösten.
2 **Feta** darüberkrümeln, schmelzen lassen. Mit **Kräutern** bestreuen und mit **Salz** und **Pfeffer** würzen.
3 Den **Kopfsalat** mit dem **Kräuterdressing** mischen und zur Kartoffel-Gemüse-Pfanne servieren.

Zubereitungszeit: 5 Min.
Garzeit: 10 Min.

Nährwerte pro Portion

ca. 394 kcal, F 12 g, KH 44 g, EW 21 g, BS 9 g

7 BUNTE NUDELWOCHE MIT MITTELMEERGEMÜSE

Nudeln machen dick? Von wegen! Richtig kombiniert, machen sie sogar schlank. Dabei kommt es auch auf die Nudel an: Pasta aus Vollkorn, Dinkel, aber auch aus Hülsenfrüchten wie Linsen und Soja oder Mungobohnen lässt den Blutzucker nicht so schnell ansteigen und macht durch jede Menge Ballaststoffe und viel Eiweiß lange satt. Das gilt selbst für Mie-Nudeln mit ihrer resistenten Stärke. Dazu gibt es Sugo, Ratatouille oder Auberginenkaviar. Wer gar nicht auf gewohnte Nudeln verzichten mag: Das klappt auch. Zum Frühstück schmeckt ein zuckerfreier Crunch aus Mandeln, Amaranth und Rosmarin.

WOCHEN-SPEISEPLAN 7

Frühstück

Rosmarin-Mandel-Müsli

Montag

Ratatouille-Nudelsalat

Nudel-Ratatouille-Frittata

Dienstag

Frittatawürfel mit Sugotomaten

Zoodles mit Mie-Nudeln und Sugo

To go

133

135

At home

133

135

Mittwoch

Zoodle-Salat mit Auberginenkaviar

Soja-Spaghetti mit Sugo und Auberginenkaviar

137

137

Donnerstag

Glasnudeln mit Ratatouille

Linsenpasta mit Ratatouille

139

139

Freitag

Linsenpasta-Salat mit Artischocken

Nudel-Auberginenkaviar-Gratin

141

141

Samstags einkaufen

Einkaufsliste für 1 Person

Gemüse, Kräuter und Obst

1 kg Auberginen
1 kg Zucchini
2 rote oder gelbe Paprikaschoten (insg. 500 g)
2–3 Zwiebeln
1 Gemüsezwiebel (250 g)
1–2 Knoblauchzehen
220 g Kirschtomaten
1 Handvoll Rucola
2 Zweige Rosmarin
1 Zitrone
500 g Obst (Pfirsiche, Aprikosen, Orangen)

Frischprodukte

3 Eier (Größe M)
1,175 l Milch (3,5 %)
30 g fettarmer Reibekäse

Lagerprodukte

70 g Soja-Spaghetti
100 g Mie-Nudeln
40 g Glasnudeln aus Mungobohnen
150 g Vollkornrigate oder -hörnchen
180 g Linsenspirelli
125 ml Tomatensaft
15 entsteinte schwarze Oliven
3 Artischockenherzen aus der Dose
Mineralwasser mit Kohlensäure

Aus dem Vorrat

50 g Buchweizen
50 g gepuffter Amaranth
100 g Walnusskerne
120 g braune Mandelkerne
50 g Tomatenmark
Olivenöl, Rapsöl
Balsamico-Essig
Salz, Pfeffer
Kräuter der Provence
Honig
Kaffeepulver oder Chai
1 große Dose ganze Tomaten (800 g)

www.mengenrechner.de

- Diätwoche auf mehrere Personen umrechnen
- Einkaufsliste aufs Handy holen

Tauschmöglichkeiten

Aubergine	gegen	Pilze
Artischockenherzen	gegen	Palmherzen oder Bambussprossen
Low-Carb-Nudeln aus Linsen oder Soja	gegen	Vollkornnudeln aus Dinkel oder Weizen
Vollkornnudeln	gegen	Hartweizenpasta

Für vegane Variante tauschen

3 Eier	gegen	180 g pürierten Seidentofu, mit Curry gewürzt
Milch	gegen	Sojadrink
30 g Reibekäse	gegen	25 g veganen Reibekäse

Frühstück Woche 7

Rosmarin-Mandel-Müsli

vegetarisch, glutenfrei, frei von raffiniertem Zucker

Rosmarin regt an und ist somit genau das Richtige morgens. Das Kraut passt erstaunlich gut zu fruchtigen Aromen. Amaranth ist eiweißreich – genau wie Mandeln.

To do 1 Portion klein geschnittenes **Obst** (etwa 100 g Pfirsich, Aprikose oder Orange) mit 1 Portion **Prep-Mandel-Müslimix** (etwa 50 g) >> Seite 131 und 100 ml **Milch** (3,5 %) mischen. Dazu einen **Latte macchiato** (mit 125 ml **Milch)** oder einen **Chai** genießen.

TIPP Ohne Latte macchiato ist noch eine Extraportion Obst drin.

Zubereitungszeit: 10 Min.

Nährwerte pro Portion

ca. 358 kcal, F 14 g, KH 34 g, EW 14 g, BS 5 g

Am Meal-Prep-Tag

SONNTAGS IN DER KÜCHE

Gesamtzeit der Vorbereitung: 1 Std. 10 Min.

>> SO GEHT'S AM SCHNELLSTEN

1. Backofen auf 220 °C Umluft vorheizen.
2. Prep-Rosmarin-Buchweizen-Mandeln rösten.
3. Prep-Auberginenwürfel grillen.
4. Prep-Nuss-Tomatensugo kochen.
5. Prep-Ratatouille zubereiten.
6. Prep-Nudeln kochen.
7. Inzwischen Prep-Mandel-Müslimix mischen.
8. Prep-Auberginenkaviar zubereiten.

Im Ofen garen

Prep-Rosmarin-Buchweizen-Mandeln
2 **Rosmarinzweige** waschen, Nadeln abstreifen (2–3 EL) und grob hacken. 120 g **braune Mandeln** ebenfalls grob hacken. 1 **Eiweiß** (Eigelb Montagabend für Frittata verwenden) mit 1 Msp. **Salz** verquirlen, dann Rosmarin, Mandeln und 50 g **Buchweizen** zugeben und vermischen. Auf einem Backblech verteilen und im Ofen bei 220 °C 6–8 Min. rösten. Abkühlen lassen.

Prep-Auberginenwürfel Den Backofen auf Grillfunktion stellen. 1 kg **Auberginen** putzen, in 1–2 cm große Würfel schneiden, mit 1 TL **Salz,** 2 EL **Rapsöl** und 1 TL **Kräuter der Provence** mischen, auf ein Blech geben, dann unter den Backofengrill schieben und 7–8 Min. goldbraun grillen, zwischendurch wenden. Eine Hälfte für Prep-Ratatouille, die andere Hälfte für Prep-Auberginenkaviar verwenden.

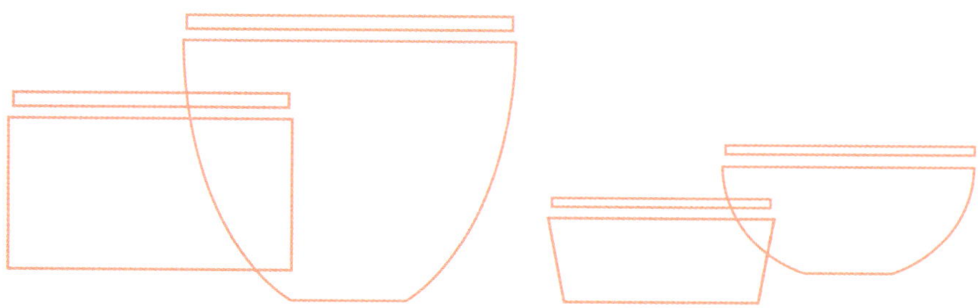

600 ml für Sugo

1,5 l für Ratatouille

300 ml für Nudeln

350 ml für Müslimix

Auf dem Herd

Prep-Nuss-Tomatensugo 1–2 **Zwiebeln** schälen, mit 80 g **Walnüssen** fein hacken. Beides in einer Pfanne in 1 EL **Olivenöl** anbraten. Ganze **Tomaten** aus der Dose (800 g) zugeben, **salzen** und **pfeffern** und mit Spritzschutz bei kleiner Hitze 15–20 Min. einkochen lassen. Immer wieder etwas Wasser angießen, wenn der Sugo ansetzt. Mit 1 EL **Honig** abschmecken, kalt stellen. Für 4 Portionen.

Prep-Ratatouille 600 g **Zucchini** waschen, längs in Scheiben, dann in Würfel schneiden. 2 **rote** oder **gelbe Paprikaschoten** (insgesamt 500 g) putzen, 1 **Gemüsezwiebel** (250 g) schälen, beides ebenfalls würfeln und in einem Schmortopf in 3 EL **Olivenöl** anbraten. Wenn die Zwiebeln bräunen, Zucchini zugeben und 5 Min. weiterbraten. 50 g **Tomatenmark** und die Hälfte der **Prep-Auberginenwürfel** zugeben. Mit **Kräutern der Provence, Salz** und **Pfeffer** würzen, kalt stellen. Für 4 Portionen.

Prep-Nudeln 150 g **Vollkornrigate** oder **-hörnchen** in reichlich **Salzwasser** aufkochen, nach Packungsanweisung al dente garen, abgießen, abkühlen lassen, kalt stellen. Für 3 Portionen.

Fix gemacht

Prep-Mandel-Müslimix **Prep-Rosmarin-Buchweizen-Mandeln** hacken und mit 50 g **gepufftem Amaranth** mischen. Für 5 Portionen.

Prep-Auberginenkaviar 1 **Zwiebel** und 1–2 **Knoblauchzehen** schälen, halbieren, mit 10 entsteinten schwarzen **Oliven** fein hacken. Restliche Hälfte **Prep-Auberginenwürfel** damit vermischen, mit **Salz, Kräutern der Provence,** 1 EL **Zitronensaft** und **Pfeffer** abschmecken, dann kühl lagern. Für 4 Portionen.

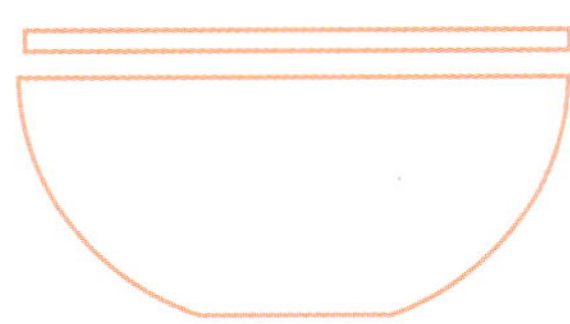

500 ml
für Auberginenkaviar

Woche 7 Montag

Ratatouille-Nudelsalat

Nudel-Ratatouille-Frittata

Vorbereitete Zutaten mit frischen für den Mittag zu einem Nudelsalat mischen: Einfacher geht's nicht! Abends gibt es eine herrlich würzige Frittata mit Sugo. Die Hälfte davon aber für morgen übrig lassen!

Montagmittag

Ratatouille-Nudelsalat

vegan, laktosefrei, frei von raffiniertem Zucker

100 g Kirschtomaten
1 Portion Prep-Ratatouille
1 Portion Prep-Nudeln
1 TL Olivenöl
Salz, Pfeffer
1 EL Balsamico-Essig
1 Schuss Mineralwasser mit Kohlensäure

To do **Kirschtomaten** waschen und halbieren, mit **Ratatouille, Nudeln** und **Olivenöl** mischen, mit **Salz, Pfeffer** und **Essig** abschmecken, in eine Lunchbox füllen und kalt stellen.

To go Nudelsalat mit etwas **Mineralwasser** regenerieren und nochmals mit **Essig, Salz** und **Pfeffer** abschmecken.

TIPP Wichtig: Nudeln quellen nach und schlucken Aroma, deshalb vor dem Essen etwas Flüssigkeit zugeben und mit Essig und Gewürzen abschmecken.

Zubereitungszeit: 5 Min.

Nährwerte pro Portion

ca. 430 kcal, F 16 g, KH 49 g, EW 15 g, BS 14 g

Montagabend

Nudel-Ratatouille-Frittata

vegetarisch, frei von raffiniertem Zucker

2 Eier (Größe M)
1 Eigelb (Größe M; siehe Tipp)
50 ml Milch (3,5 %)
Salz, Pfeffer
2 Portionen Prep-Nudeln
1 Portion Prep-Ratatouille
1 TL Olivenöl
½ Portion Prep-Nuss-Tomatensugo

At home

1 **Eier, Eigelb, Milch,** etwas **Salz** und **Pfeffer** verquirlen, mit **Nudeln** und **Ratatouille** mischen.

2 In einer Pfanne **Olivenöl** erhitzen, Nudelmischung hineingeben, abgedeckt etwa 4 Min. stocken lassen. Wenden und 3–4 Min. fertig garen.

3 **Sugo** erhitzen. Knapp die Hälfte der Frittata für Dienstagmittag beiseitestellen. Den Rest mit dem Sugo auftischen.

TIPP Das Eigelb bleibt am Sonntag bei der Zubereitung von Prep-Rosmarin-Buchweizen-Mandeln übrig.

Zubereitungszeit: 5 Min.
Garzeit: 7–8 Min.

Nährwerte pro Portion

ca. 484 kcal, F 22 g, KH 46 g, EW 20 g, BS 11 g

Woche 7 Dienstag

Frittatawürfel mit Sugotomaten

Zoodles mit Mie-Nudeln und Sugo

Mittags darfst du die zweite Hälfte vom Gemüse-Eierkuchen mit würzigem Sugo genießen – schmeckt auch kalt bestens. Abends sind Zoodles dran: spiralig gedrehte Zucchini mit Mie-Nudeln in Riesenmengen mit Sugo.

Dienstagmittag

Frittatawürfel mit Sugotomaten

vegetarisch, frei von raffiniertem Zucker

übrige Nudel-Frittata (siehe Montagabend)
4–5 Kirschtomaten (ca. 60 g)
½ Portion Prep-Nuss-Tomatensugo

To do **Nudel-Frittata** in mundgerechte Würfel schneiden und in eine Lunchbox packen. **Tomaten** waschen, halbieren, mit **Sugo** mischen und extra verpacken.

To go Einfach mittags frisch aus der Box genießen.

Zubereitungszeit: 5 Min.

Nährwerte pro Portion

ca. 492 kcal, F 22 g, KH 47 g, EW 21 g, BS 11 g

Dienstagabend

Zoodles mit Mie-Nudeln und Sugo

vegan, laktosefrei, frei von raffiniertem Zucker

100 g Mie-Nudeln
Salz
400 g Zucchini
1 EL Olivenöl
1 Portion Prep-Nuss-Tomatensugo

At home

1 **Mie-Nudeln** mit kochendem Wasser überbrühen, **Salz** zugeben und 2 Min. ziehen lassen. Abtropfen lassen.
2 **Zucchini** waschen und im Spiralschneider zu langen Nudeln drehen. Mittelteil der Zucchini hacken.
3 Zucchini in 1 TL **Olivenöl** in einer Pfanne erhitzen, Mie-Nudeln zugeben. Knapp die Hälfte der Zoodles für Mittwochmittag in eine Box geben.
4 **Sugo** in die Pfanne zu den übrigen Zoodles geben, erhitzen und genießen.

TIPP Statt Spiralschneider kannst du einen Julienne-Schneider verwenden. Das dauert dann etwas länger.

Zubereitungszeit: 15 Min.

Nährwerte pro Portion

ca. 457 kcal, F 21 g, KH 12 g, EW 14 g, BS 5 g

Zoodle-Salat mit Auberginenkaviar

Woche 7 Mittwoch

Soja-Spaghetti mit Sugo und Auberginenkaviar

Die zweite Hälfte Zoodles wird mittags zum würzigen Mitnehmsalat mit Walnüssen, Oliven und Auberginenkaviar. Abends wird es klassisch mit Pfiff: eiweißreiche, kurz al dente gegarte Soja-Spaghetti mit würzigem Sugo und Auberginenkaviar.

Mittwochmittag

Zoodle-Salat mit Auberginenkaviar

vegan, laktosefrei, frei von raffiniertem Zucker

4–5 Kirschtomaten (ca. 60 g)
5 entsteinte schwarze Oliven
20 g Walnusskerne
restliche Zoodles (siehe Dienstagabend)
1 Portion Prep-Auberginenkaviar
Salz, Pfeffer
1 Handvoll Rucola

To do **Kirschtomaten** waschen und mit den **Oliven** halbieren. **Walnüsse** hacken. Alles mit **Zoodles** und **Auberginenkaviar** vermischen, mit **Salz** und **Pfeffer** würzen und in eine Lunchbox geben. **Rucola** waschen, grob in Stücke schneiden und auf dem Salat verteilen.

To go Den Salat mischen, nach Gusto nachwürzen.

Zubereitungszeit: 10 Min.

Nährwerte pro Portion

ca. 529 kcal, F 28 g, KH 13 g, EW 16 g, BS 7 g

Mittwochabend

Soja-Spaghetti mit Sugo und Auberginenkaviar

vegan, laktosefrei, glutenfrei, frei von raffiniertem Zucker

70 g Soja-Spaghetti
Salz
1 Portion Prep-Nuss-Tomatensugo
1 Portion Prep-Auberginenkaviar

At home

1 **Soja-Spaghetti** in **Salzwasser** nach Packungsangaben etwa 4 Min. kochen, dann abgießen.

2 Inzwischen **Nuss-Tomatensugo** mit dem **Auberginenkaviar** erhitzen. Mit den Soja-Spaghetti auftischen.

Zubereitungszeit: 5 Min.
Garzeit: 5 Min.

Nährwerte pro Portion

ca. 432 kcal, F 30 g, KH 15 g, EW 20 g, BS 12 g

Glasnudeln mit Ratatouille

Woche 7
Donnerstag

Linsenpasta mit Ratatouille

Glasnudeln werden meist aus Mungobohnen hergestellt und haben einen niedrigen glykämischen Index, machen also lange satt. Abends werden Linsennudeln, die sehr reich an Eiweiß und Ballaststoffen sind, frisch gekocht.

Donnerstagmittag

Glasnudeln mit Ratatouille

vegan, laktosefrei, glutenfrei, frei von raffiniertem Zucker

125 ml Tomatensaft
1 Portion Prep-Ratatouille
40 g Glasnudeln aus Mungobohnen

To do **Tomatensaft** und **Ratatouille** mischen und in eine Lunchbox geben. **Glasnudeln** extra mitnehmen.

To go Die Glasnudeln mit kochendem Wasser überbrühen und einige Minuten ziehen lassen. Inzwischen Tomatensaft-Ratatouille-Mix erhitzen und die Glasnudeln untermischen.

TIPP Wer nur einen Wasserkocher im Büro hat, nimmt den Tomatensaft-Ratatouille-Mix einfach heiß im Thermogefäß mit.

Zubereitungszeit: 5 Min.

Nährwerte pro Portion

ca. 360 kcal, F 11 g, KH 51 g, EW 8 g, BS 8 g

Donnerstagabend

Linsenpasta mit Ratatouille

vegan, laktosefrei, glutenfrei, frei von raffiniertem Zucker

180 g Linsenspirelli
Salz
1 Portion Prep-Ratatouille

At home

1 Die **Linsenspirelli** in kochendem **Salzwasser** nach Packungsangaben etwa 5 Min. kochen, dann abgießen. Ein Drittel für Freitagmittag und ein Drittel für Freitagabend beiseitestellen.

2 Das **Ratatouille** erhitzen und mit den restlichen Linsenspirelli anrichten.

Zubereitungszeit: 5 Min.
Garzeit: 5 Min.

Nährwerte pro Portion

ca. 395 kcal, F 12 g, KH 14 g, EW 21 g, BS 11 g

Woche 7 Freitag

Linsenpasta-Salat mit Artischocken

Nudel-Auberginenkaviar-Gratin

Zum Mitnehmen ist Nudelsalat perfekt geeignet. Am besten auch etwas Artischockensud mitnehmen, denn Nudeln quellen weiter und der Salat wird trocken. Zum Abschluss der Woche gibt es ein Gratin mit Sugo, Auberginenkaviar und Linsennudeln.

Freitagmittag

Linsenpasta-Salat mit Artischocken

vegan, laktosefrei, glutenfrei, frei von raffiniertem Zucker

3 Artischockenherzen aus der Dose
⅓ Portion Linsenspirelli (siehe Donnerstagabend)
1 Portion Prep-Auberginenkaviar
1 EL Zitronensaft nach Bedarf
Salz

To do Die **Artischockenherzen** in Scheiben schneiden. Mit **Nudeln, Auberginenkaviar** und etwas Artischockensud aus der Dose mischen und in eine Lunchbox füllen.

To go Wenn nötig, etwas Artischockensud oder Wasser und **Zitronensaft** zugeben und **nachsalzen.**

Zubereitungszeit: 5 Min.

Nährwerte pro Portion

ca. 402 kcal, F 7 g, KH 12 g, EW 23 g, BS 38 g

Freitagabend

Nudel-Auberginenkaviar-Gratin

vegetarisch, glutenfrei, frei von raffiniertem Zucker

⅓ Portion Linsenspirelli (siehe Donnerstagabend)
1 Portion Prep-Nuss-Tomatensugo
1 Portion Prep-Auberginenkaviar
30 g fettarmer Reibekäse

At home

1 Den Backofengrill vorheizen.
2 **Nudeln, Sugo** und **Auberginenkaviar** in einer flachen Auflaufform mischen, mit **Käse** bestreuen und etwa 5 Min. unter dem Backofengrill überbacken, bis der Käse geschmolzen ist.

Zubereitungszeit: 3 Min.
Garzeit: 5 Min.

Nährwerte pro Portion

ca. 527 kcal, F 28 g, KH 12 g, EW 20 g, BS 9 g

8 SCHMORWOCHE MIT GULASCH UND KOHLROULADEN

Herzhaft Geschmortes muss nicht kalorienreich sein! Und es schmeckt besonders gut, wenn es aufgewärmt wird – ideal für Prep. Voraussetzung ist kräftiges Gemüse wie Bohnen, Zwiebeln, Kohl und Kürbis, das eine etwas längere Garzeit braucht. Das gilt auch fürs Fleisch. Das Ergebnis sind aromatische Gerichte, die den Stoffwechsel anheizen und rundum satt machen. Dazu tragen auch Kartoffeln und Buchweizen bei. Zum Frühstück gibt es traditionelles Birchermüsli, das durch Einweichen leichter verdaulich wird.

WOCHEN-SPEISEPLAN 8

Frühstück

Birchermüsli

Montag

To go: Kohlrouladen mit Ajvar-Dip

151

At home: Gulasch mit Kürbiskartoffeln

151

Dienstag

To go: Gemüsesuppe mit Feta

153

At home: Kohlrouladen mit Kartoffel-Kürbis-Stampf

153

Mittwoch

Schmorgemüse auf Vollkorntoast

Gulasch-Kürbiskartoffel-Topf

155

155

Donnerstag

Kohlrouladen-Karotten-Salat

Gulasch mit Schmorgemüse

157

157

Freitag

Gulaschsuppe

Überbackene Kohlrouladen

159

159

Samstags einkaufen

Einkaufsliste für 1 Person

Gemüse, Kräuter und Obst

1 Weißkohl (ca. 1,5 kg)
300 g Karotten
2 Stangen Staudensellerie
500 g grüne Bohnen
1 Lauchstange
600 g Kartoffeln
1 kleiner Hokkaido-Kürbis (ca. 600 g)
2 rote Paprikaschoten (à ca. 225 g)
500 g Zwiebeln
80 g Kirschtomaten
5 kleine Äpfel (à 120 g)

Frischprodukte

1 Ei (Größe M)
110 g saure Sahne (10 %)
500 g Naturjoghurt (3,5 %)
200 g Feta light (9 %)
50 g fettarmer Reibekäse
400 g mageres Rindergulasch (große Stücke)

Lagerprodukte

3 Scheiben Vollkorntoastbrot
20 g getrocknete Tomaten
250 ml Apfelsaft
200 ml Gemüsesaft

Aus dem Vorrat

100 g Buchweizen
150 g glutenfreie zarte oder kernige Haferflocken
170 g Walnusskerne
Rapsöl
Dijonsenf
ca. 65 g Tomatenmark
Ajvar
Salz, Pfeffer
edelsüßes und scharfes Paprikapulver
gemahlener Zimt
getrockneter Thymian
Instant-Gemüsebrühe

www.mengenrechner.de

- Diätwoche auf mehrere Personen umrechnen
- Einkaufsliste aufs Handy holen

Tauschmöglichkeiten

Weißkohl	gegen	Wirsing
Kürbis	gegen	Süßkartoffeln
Apfel	gegen	Beeren, Birnen oder Pflaumen
Buchweizen	gegen	100 g Reis
Apfelsaft	gegen	frisch gepressten Orangensaft
	Für vegane Variante tauschen	
1 Ei	gegen	60 g Seidentofu
saure Sahne	gegen	Sojacreme (0,75-fache Menge bei 15 % Fett, 2-fache Menge bei 5 % Fett)
Feta	gegen	Mandeltofu
Rindfleisch	gegen	ca. 300 g Räuchertofu

Frühstück Woche 8

Birchermüsli

vegetarisch, glutenfrei, frei von raffiniertem Zucker

Das Frühstück ist so klassisch wie die übrigen Mahlzeiten. Schließlich hat Herr Bircher-Benner es sozusagen erfunden. Das Einweichen über Nacht macht die Flocken leichter verdaulich, der Saft spart Zucker. Statt des traditionellen Trockenobstes gibt es nur frisches.

To do Am Vorabend 30 g zarte oder kernige **Haferflocken** und 20 g gehackte **Walnusskerne** mit 50 ml **Apfelsaft** übergießen und quellen lassen. Morgens 1 kleinen **Apfel** waschen, entkernen und mit Schale im Blitzhacker raspeln. Mit 1 Prise **Zimt** und 100 g **Naturjoghurt** (3,5 %) zur Flockenmischung geben und mischen.

Zubereitungszeit: 8 Min.

Nährwerte pro Portion

ca. 406 kcal, F 20 g, KH 42 g, EW 12 g, BS 5 g

Am Meal-Prep-Tag

SONNTAGS IN DER KÜCHE

Gesamtzeit der Vorbereitung: 1 Std. 50 Min.

>> SO GEHT'S AM SCHNELLSTEN

1. Backofen auf 180 °C Umluft vorheizen.
2. Prep-Gulasch zubereiten.
3. Kohl für die Prep-Kohlrouladen dämpfen.
4. Inzwischen Prep-Kürbiskartoffeln und Prep-Bouillon zubereiten.
5. Während der Garzeit Kohlblätter füllen und Prep-Kohlrouladen schmoren.
6. Zwischendurch etwas Wasser zum Prep-Gulasch gießen.
7. Prep-Schmorgemüse zubereiten.

Im Ofen garen

Prep-Gulasch 500 g **Zwiebeln** schälen, halbieren und in dünne Scheiben schneiden. 200 g **Karotten** und 2 Stangen **Staudensellerie** waschen, in dünne Scheiben hobeln und in einem Bräter in 1 EL **Rapsöl** kräftig anbraten. 1 EL **edelsüßes Paprikapulver** und 400 g mageres **Rindergulasch** (große Stücke) dazugeben, **salzen** und umrühren. Deckel aufsetzen und im vorgeheizten Backofen bei 180 °C etwa 90 Min. schmoren. Nach 45 Minuten – aber erst, wenn das Gulasch beginnt anzusetzen – etwas Wasser angießen. Am Ende der Garzeit sollte das Gemüse verkocht sein. Mit **scharfem Paprikapulver,** getrocknetem **Thymian, Salz** und **Pfeffer** abschmecken, abkühlen lassen, kalt stellen. Für 4 Portionen.

Auf dem Herd

Prep-Kohlrouladen 1 **Weißkohl** (etwa 1,5 kg) waschen, den Strunk keilförmig herausschneiden. Etwa 350 ml Wasser in einen großen Topf mit Dämpfeinsatz füllen. Den Kohl in den Dämpfeinsatz geben und 15 Min. garen, bis sich die äußeren Blätter ablösen lassen. Kohl herausheben, Garwasser aufbewahren. Acht große, äußere Blätter ablösen. Die dicken Mittelrippen eventuell mit dem Messer etwas abflachen. Für die Füllung den restlichen Kohl klein schneiden, 200 g abnehmen (der Rest wird fürs Schmorgemüse verwendet) und mit 50 g **Walnüssen,** 20 g **getrockneten Tomaten,** 150 g **Feta** (9 %) fein hacken. Mit 1 **Ei,** 100 g **Buchweizen, Salz** und **Pfeffer** mischen. Die Kohlblätter ausbreiten. Die Füllmasse in 8 Portionen teilen und jeweils eine

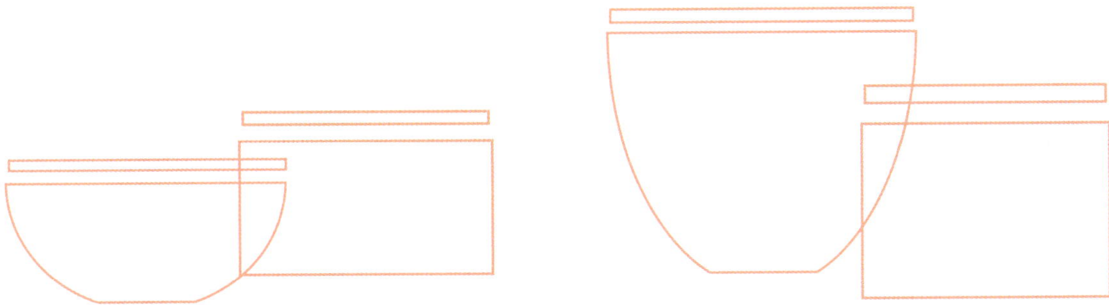

500 ml
für Gulasch

600 ml
für Kohlrouladen

750 ml
für Kürbiskartoffeln

700 ml
für Schmorgemüse

Portion auf den Strunkansatz der Kohlblätter geben. Die Seitenränder einklappen, die Kohlblätter stramm aufrollen. Mit Küchengarn umwickeln. In einem Topf in 2 EL **Rapsöl** anbraten, mit 250 ml Kohldämpfwasser angießen und 30 Min. schmoren. Dann abkühlen lassen und kalt stellen.

Prep-Kürbiskartoffeln und **Prep-Bouillon** 600 g **Kartoffeln** schälen und grob würfeln. 1 kleinen **Hokkaido-Kürbis** (etwa 600 g) entkernen, dann waschen und ebenfalls grob würfeln. In 100 ml **Gemüsebrühe** 10–15 Min. knapp gar kochen. Mit **Salz** und **Pfeffer** abschmecken. Abgießen und Bouillon auffangen. Die Prep-Kürbiskartoffeln abkühlen lassen und kühl lagern. Für 3 Portionen. Die Prep-Bouillon extra abfüllen und ebenfalls kalt stellen.

Prep-Schmorgemüse 500 g **grüne Bohnen** waschen, die Enden abknipsen, eventuell die Fäden ziehen und je nach Größe halbieren. 1 **Lauchstange** putzen, längs aufschlitzen, waschen und in Ringe schneiden. **Bohnen** und **Lauch,** den restlichen klein geschnittenen Kohl (500–600 g) von der Rouladenzubereitung mit 50 g **Tomatenmark, Salz** und **Pfeffer** in 2 EL **Rapsöl** anbraten. Sobald es ansetzt, mit 100 ml Wasser ablöschen. Abgedeckt 15–20 Min. gar schmoren. Mit 1 TL getrocknetem **Thymian, Salz** und **Pfeffer** abschmecken, abkühlen lassen, kühl lagern. Für 3 Portionen.

TIPP Für mehr Abwechslung die Füllung für die Prep-Kohlrouladen mit unterschiedlichen Gewürzen bestreuen, zum Beispiel mit gemahlenem Kreuzkümmel, gemahlenem Kümmel oder etwas Paprikapulver.

Woche 8
Montag

Kohlrouladen mit Ajvar-Dip

Gulasch mit Kürbiskartoffeln

Die Kohlrouladen sind so fettarm zubereitet, dass sie auch kalt köstlich schmecken – mit würzigem Ajvar-Dip. Das Gulasch ist durch viel Gemüse herrlich saucenhaltig und gibt den Kürbiskartoffeln viel Würze.

Montagmittag

Kohlrouladen mit Ajvar-Dip

vegetarisch, glutenfrei, frei von raffiniertem Zucker

2 Prep-Kohlrouladen
2 EL Ajvar
1 EL saure Sahne (10 %)

To do **Kohlrouladen** in eine Lunchbox füllen. **Ajvar** mit **saurer Sahne** mischen, extra abfüllen und beides kalt stellen.

To go Kohlrouladen entweder in der Mikrowelle erhitzen oder kalt mit dem Ajvar-Dip genießen.

Zubereitungszeit: 5 Min.

Nährwerte pro Portion

ca. 419 kcal, F 23 g, KH 24 g, EW 18 g, BS 6 g

Montagabend

Gulasch mit Kürbiskartoffeln

glutenfrei, frei von raffiniertem Zucker

1 Portion Prep-Gulasch
1 Portion Prep-Kürbiskartoffeln
1 EL saure Sahne (10 %)

At home

1 Das **Gulasch** mit etwas Wasser in einem Topf erhitzen. **Kürbiskartoffeln** in einem anderen Topf ebenfalls mit etwas Wasser erhitzen.

2 Das heiße Gulasch auf einen Teller geben, mit **saurer Sahne** toppen und die Kürbiskartoffeln daneben anrichten.

TIPP Dazu passt auch Rohkost aus Gurke, Karotten, Staudensellerie oder Tomaten. Mit dem Abwasch kannst du es dir noch einfacher machen, indem du Gulasch und Kürbiskartoffeln in einem Topf erhitzt.

Zubereitungszeit: 5 Min.

Nährwerte pro Portion

ca. 552 kcal, F 17 g, KH 56 g, EW 43 g, BS 9 g

Woche 8 Dienstag

Gemüsesuppe mit Feta

Kohlrouladen mit Kartoffel-Kürbis-Stampf

Das Schmorgemüse wird mit Gemüsesaft zur Suppe und Feta sorgt für ausreichend Eiweiß. Die Suppe schmeckt als Kaltschale, aber besonders gut kurz erhitzt. Abends werden die Kohlrouladen kurz aufgewärmt und mit Kürbis-Kartoffel-Stampf genossen.

Dienstagmittag

Gemüsesuppe mit Feta

vegetarisch, glutenfrei, frei von raffiniertem Zucker

30 g Feta light (9 %)
1 Portion Prep-Schmorgemüse
200 ml Gemüsesaft

To do **Feta** grob hacken, mit dem **Schmorgemüse** in eine Lunchbox packen. **Saft** in eine Flasche füllen und beides kalt stellen.

To go Schmorgemüse mit dem Saft erhitzen und als Suppe löffeln. Schmeckt aber auch kalt.

Zubereitungszeit: 5 Min.

Nährwerte pro Portion

ca. 339 kcal, F 11 g, KH 34 g, EW 19 g, BS 12 g

Dienstagabend

Kohlrouladen mit Kartoffel-Kürbis-Stampf

vegetarisch, laktosefrei, glutenfrei, frei von raffiniertem Zucker

2 Prep-Kohlrouladen
1 Portion Prep-Kürbiskartoffeln
2–3 EL Prep-Bouillon

At home

1. Die **Kohlrouladen** erhitzen.
2. In einem Topf **Kürbiskartoffeln** mit **Bouillon** erhitzen und zerstampfen. Zu den Rouladen reichen.

Zubereitungszeit: 5 Min.

Nährwerte pro Portion

ca. 638 kcal, F 26 g, KH 67 g, EW 25 g, BS 9 g

Schmorgemüse auf Vollkorntoast

Woche 8
Mittwoch

Gulasch-
Kürbiskartoffel-Topf

Das Schmorgemüse wird mit gehackten Walnüssen ganz einfach zum würzigen Aufstrich auf Vollkorntoast. Abends gibt es Eintopf aus Gulasch und Kürbiskartoffeln, der durch Kirschtomaten den Frischekick bekommt.

Mittwochmittag

Schmorgemüse auf Vollkorntoast

vegan, laktosefrei

20 g Walnusskerne
1 Portion Prep-Schmorgemüse
1 Scheibe Vollkorntoastbrot

To do Die **Walnüsse** hacken und in einem Topf ohne Fettzugabe kurz rösten. **Schmorgemüse** zugeben und etwas einkochen. Abkühlen lassen, in eine dicht schließende Lunchbox füllen und kalt stellen.

To go Die **Toastscheibe** toasten, mit Schmorgemüse als Aufstrich essen.

Zubereitungszeit: 10 Min.

Nährwerte pro Portion

ca. 447 kcal, F 23 g, KH 25 g, EW 14 g, BS 12 g

Mittwochabend

Gulasch-Kürbiskartoffel-Topf

laktosefrei, glutenfrei, frei von raffiniertem Zucker

1 Portion Prep-Gulasch
1 Portion Prep-Kürbiskartoffeln
1 EL Prep-Bouillon
1 Handvoll (80 g) Kirschtomaten
1 EL Tomatenmark
Salz, Pfeffer

At home

1 **Gulasch** und **Kürbiskartoffeln** in einem Topf mit der **Bouillon** mischen und erhitzen.

2 **Kirschtomaten** waschen, halbieren, in den Gulaschtopf geben und heiß werden lassen. **Tomatenmark** einrühren und mit **Salz** und **Pfeffer** abschmecken.

Zubereitungszeit: 10 Min.

Nährwerte pro Portion

ca. 523 kcal, F 13 g, KH 68 g, EW 33 g, BS 11 g

Kohlrouladen-Karotten-Salat

Woche 8
Donnerstag

Gulasch mit Schmorgemüse

Die Kohlrouladen schmecken immer noch toll – mittags als Salat unter einer Haube von frisch geraspelten Karotten mit saurer Sahne. Abends wird das Gulasch mit Schmorgemüse aufgewärmt und mit Vollkorntoast gegessen.

Donnerstagmittag

Kohlrouladen-Karotten-Salat

vegetarisch, glutenfrei, frei von raffiniertem Zucker

2 Prep-Kohlrouladen
20 g Feta light (9 %)
100 g Karotte
1 EL saure Sahne (10 %)

To do **Kohlrouladen** in fingerdicke Scheiben schneiden und in eine dicht schließende Lunchbox geben. **Feta** zerkrümeln und darüberstreuen. Die **Karotte** schälen, grob raspeln, mit **saurer Sahne** vermengen und auf den Kohlrouladen verteilen.

To go Kalt genießen.

TIPP Wer es warm mag: Die Rouladen in 150 ml Gemüsesaft erhitzen und den Feta zugeben. Den Karottensalat extra dazu essen.

Zubereitungszeit: 10 Min.

Nährwerte pro Portion

ca. 445 kcal, F 25 g, KH 32 g, EW 25 g, BS 6 g

Donnerstagabend

Gulasch mit Schmorgemüse

laktosefrei

1 Portion Prep-Schmorgemüse
1 Portion Prep-Gulasch
1 Vollkorntoastbrot

At home

1 **Schmorgemüse** und **Gulasch** in einem Topf erhitzen.
2 Das **Vollkorntoastbrot** toasten und zum Gemüsegulasch essen.

TIPP Statt Toast passen auch 1 EL saure Sahne und eine Tasse rohe Paprikawürfel.

Zubereitungszeit: 5 Min.

Nährwerte pro Portion

ca. 498 kcal, F 16 g, KH 34 g, EW 33 g, BS 15 g

Gulaschsuppe

Woche 8
Freitag

Überbackene
Kohlrouladen

Das Tolle: Gulasch schmeckt auch am fünften Tag! Heute wird es zur Suppe umgewandelt und mit frischer Paprika und saurer Sahne aufgepeppt. Abends wird überbacken: Kohlrouladen mit Paprika und Reibekäse – köstlich!

Freitagmittag
Gulaschsuppe

restliches Prep-Gulasch
1 rote Paprikaschote (ca. 225 g)
2 EL saure Sahne (10 %)
1 Vollkorntoastbrot

To do Das **Gulasch** mit so viel Wasser verdünnen, dass es die Konsistenz von Suppe hat. **Paprika** waschen, entkernen und in kleine Würfel schneiden. Zur Gulaschsuppe geben und **saure Sahne** einrühren. In eine dicht schließende Lunchbox füllen.

To go Suppe sanft erhitzen und mit dem **Vollkorntoast** genießen.

Zubereitungszeit: 8 Min.

Nährwerte pro Portion

ca. 402 kcal, F 16 g, KH 18 g, EW 29 g, BS 8 g

Freitagabend
Überbackene Kohlrouladen

vegetarisch, glutenfrei, frei von raffiniertem Zucker

1 rote Paprikaschote (ca. 225 g)
2 Prep-Kohlrouladen
50 g fettarmer Reibekäse

At home

1 Den Backofen auf 180 °C vorheizen.
2 **Paprika** waschen, entkernen und in kleine Würfel schneiden.
3 **Kohlrouladen** längs halbieren und in eine Auflaufform geben. Paprikawürfel dazwischen verteilen und mit dem **Käse** bestreuen. 15–20 Min. überbacken.

Zubereitungszeit: 5 Min.
Backzeit: 15–20 Min.

Nährwerte pro Portion

ca. 471 kcal, F 29 g, KH 29 g, EW 19 g, BS 9 g

9 SESAM, ÖFFNE DICH: ORIENTALISCH VEGETARISCH

Die Highlights der veganen Küche kommen alle aus der Levante: Hummus aus Kichererbsen, Taboulé aus Bulgur, eingelegtes Gemüse und Fladenbrot. Das findet sich auch in dieser Woche. Die Basis sind Hülsenfrüchte – schlanke Sattmacher durch viel Eiweiß und Ballaststoffe, perfekt ergänzt durch Sesamsamen. Minze, Petersilie und Zitrone sorgen für Frische und Ras el-Hanout, die orientalische Curryvariante, für exotische Würze. Ergänzt wird die Woche vegetarisch-vollwertig mit Käse und Ei.

WOCHEN-SPEISEPLAN 9

Frühstück

Rosmarinschnitten mit Ziegenkäse und Früchten

Montag

To go: Taboulé mit Kürbispuffern

169

At home: Kürbispuffer mit Hummus

169

Dienstag

To go: Antipasti mit Hummus und Rosmarinschnitte

171

At home: Taboulé

171

Mittwoch

Kürbis-Kichererbsen-Suppe mit Rosmarinschnitten

Kürbispuffer mit Antipasti-Gemüse

173

173

Donnerstag

Kürbispuffer mit Kürbis-Hummus

Gefüllte Zucchini-Schiffchen

175

175

Freitag

Reste-Zucchini-Schiffchen

Shakshuka mit Gemüse

177

177

Samstags einkaufen

Einkaufsliste für 1 Person

Gemüse, Kräuter und Obst

4 kleinere Zucchini (ca. 600 g)
250 g Kartoffeln
1 kg Hokkaido-Kürbis
je 300 g Karotten und Fenchelknollen
1 große (250 g), 1 kleine (150 g) Paprikaschote
300 g Zwiebeln
3–4 Frühlingszwiebeln
5 Knoblauchzehen
2-cm-Stück Ingwer
1 Fleischtomate, 225 g Kirschtomaten
200 g Salatgurke
2 Bund glatte Petersilie, 1 Bund Minze
4–5 Zitronen
1 kleiner Granatapfel, 5 Feigen
5 Orangen oder 1 Melone

Frischprodukte

2 Eier (Größe M)
200 g Ziegenfrischkäse (20 % Fett)
50 g fettarmer Reibekäse
1 Becher Schmand (200 g)

Lagerprodukte

100 g Kichererbsenmehl
150 g Bulgur
5 entsteinte schwarze oder grüne Oliven
1 Pck. Trockenhefe
Ras el-Hanout (Gewürzmischung)
Fenchelsamen
Mineralwasser mit Kohlensäure

Aus dem Vorrat

300 g Weizenmehl (Type 1050)
50 g Vollkornsemmelbrösel
Sesamsamen
160 g getrocknete Kichererbsen (oder 330 g Kichererbsen aus der Dose; Abtropfgewicht)
Olivenöl, Rapsöl
Salz, Pfeffer
gemahlener Kreuzkümmel (Cumin)
Chiliflocken
getrocknete Rosmarinnadeln oder frische Nadeln
unraffinierter Rohrzucker
Minzetee
Kaffeepulver

www.mengenrechner.de

- Diätwoche auf mehrere Personen umrechnen
- Einkaufsliste aufs Handy holen

Tauschmöglichkeiten

Fenchel	gegen	Staudensellerie
Granatapfel	gegen	Rote Johannisbeeren oder Orange
Orange	gegen	Melone
Ras el-Hanout	gegen	Currypulver
Bulgur	gegen	Couscous

Für vegane Variante tauschen

2 Eier	gegen	Eiersatz oder 120 g pürierten Seidentofu
200 g Schmand	gegen	200 g Sojacreme
200 g Ziegenkäse	gegen	Hummus (siehe Tipp)

Frühstück Woche 9

Rosmarinschnitten mit Ziegenkäse und Früchten

vegetarisch, frei von raffiniertem Zucker

Eiweißreich und würzig macht das Brot morgens auf leichte Weise satt.

To do 2 **Prep-Rosmarinschnitten** >> Seite 166 im Toaster aufbacken, mit 40 g **Ziegenfrischkäse** (20 % Fett) bestreichen. Dazu 1 Handvoll **Granatapfelkerne,** 1 **Feige** und 1 **Orange** essen und ungesüßten **Minzetee** oder einen **Espresso** trinken.

TIPP Veganer können statt Ziegenkäse Prep-Hummus nehmen: 40 g Kichererbsen mehr kochen sowie 1 EL Olivenöl und 2 EL Zitronensaft mehr verwenden.

Zubereitungszeit: 10 Min.

Nährwerte pro Portion

ca. 400 kcal, F 12 g, KH 57 g, EW 15 g, BS 9 g

Am Meal-Prep-Tag

SONNTAGS IN DER KÜCHE

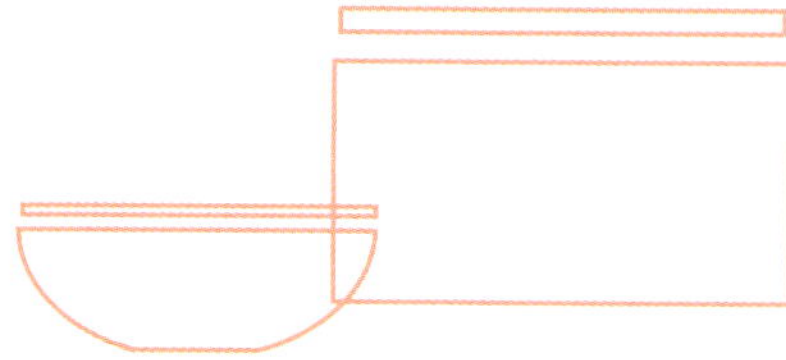

350 ml
für Schnitten

650 ml
für Antipasti-Gemüse

Gesamtzeit der Vorbereitung: 2 Std. 5 Min.

>> SO GEHT'S AM SCHNELLSTEN

1. Kichererbsen für Prep-Kichererbsen über Nacht einweichen.
2. Fencheltee für Prep-Rosmarinschnitten aufbrühen.
3. Prep-Kichererbsen kochen.
4. Inzwischen Teig für Prep-Rosmarinschnitten kneten und gehen lassen.
5. Währenddessen Prep-Kürbispuffer vorbereiten und ruhen lassen.
6. Teig für Prep-Rosmarinschnitten formen und backen.
7. Prep-Antipasti-Gemüse zubereiten.
8. Prep-Rosmarinschnitten aus dem Ofen nehmen und fertigstellen.
9. Gemüse für Prep-Kürbismus dünsten.
10. Inzwischen Prep-Antipasti-Gemüse fertigstellen.
11. Prep-Kürbispuffer braten.
12. Prep-Taboulé zubereiten.
13. Prep-Kürbismus pürieren.
14. Prep-Petersilie-Minze-Mix hacken.
15. Prep-Hummus mixen.

Im Ofen garen

Prep-Rosmarinschnitten 1 TL **Fenchelsamen** mit 200 ml kochendem Wasser überbrühen, nach 10 Min. abseihen (Samen entsorgen). 300 g **Weizenmehl** (Type 1050), 100 g **Kichererbsenmehl,** 1 Pck. **Trockenhefe** und 1 EL unraffinierten **Rohrzucker** mischen. Fencheltee, 4 EL **Olivenöl,** 1 TL **Salz** und 1–2 EL gehackte **Rosmarinnadeln** unterkneten, bis ein elastischer Teig entsteht. Eventuell etwas Wasser zugeben. Teig abgedeckt etwa 30 Min. bis zum doppelten Volumen gehen lassen. Auf einem mit Backpapier belegten Blech ausrollen. In den kalten Ofen (untere Schiene) schieben, auf 180 °C Umluft stellen, etwa 15 Min. backen. Herausnehmen, mit 2 EL **Olivenöl** einpinseln, abkühlen lassen. In 16 Stücke (à etwa 35 g) schneiden.

Prep-Antipasti-Gemüse 300 g **Fenchelknollen** und 300 g **Karotten** waschen und dann in etwa 1 cm dicke Streifen schneiden. 300 g **Zwiebeln** schälen, in 1 cm dicke Spalten schneiden. 2 **Knoblauchzehen** schälen, in Scheiben schneiden. Alles mit 2 EL **Olivenöl,** 1 TL **Ras el-Hanout** und ½ TL **Salz** mischen, auf einem mit Backpapier ausgelegten Blech verteilen und etwa 15 Min. bei 180 °C rösten. Herausnehmen, mit 3 EL **Zitronensaft** mischen. Abkühlen lassen, kalt stellen. Für 3 Portionen.

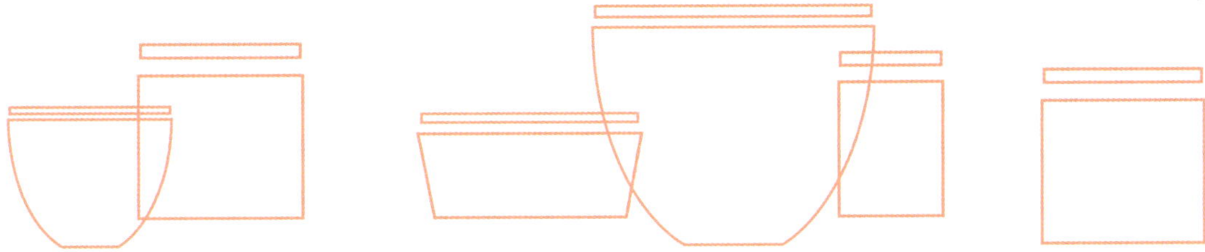

Auf dem Herd

Prep-Kichererbsen 160 g getrocknete **Kichererbsen** über Nacht in 500 ml Wasser einweichen. Abgießen, mit 750 ml Wasser und 2 geschälten **Knoblauchzehen** 45–50 Min. weich kochen. Abgießen, den Sud für Prep-Hummus auffangen. 100 g Prep-Kichererbsen kalt stellen. Die übrigen mit Sud zu Prep-Hummus verarbeiten.

Prep-Kürbispuffer 500 g **Hokkaido-Kürbis** entkernen, 250 g **Kartoffeln** schälen, beides fein raspeln oder im Blitzhacker zerkleinern. Im Sieb kurz abtropfen lassen. In eine Schüssel geben, dann 1 **Ei,** etwas **Salz, Pfeffer,** 1 geschälte und zerdrückte **Knoblauchzehe** und 50 g **Vollkornsemmelbrösel** zugeben und zu einem Teig verarbeiten. Zwölf kleine Puffer (à etwa 45 g) formen, etwa 30 Min. ruhen lassen. In einer beschichteten Pfanne in insgesamt 2 EL **Rapsöl** beidseitig langsam braten.

Prep-Kürbismus 500 g **Hokkaido-Kürbis** entkernen, klein schneiden. Mit 100 ml Wasser, etwas **Salz** und 2-cm-Stück geschältem, gehacktem **Ingwer** 20 Min. gar dünsten. Pürieren, abkühlen lassen. Für 4 Portionen.

Fix gemacht

Prep-Taboulé 150 g **Bulgur** mit 200 ml kochendem Wasser überbrühen. 3–4 **Frühlingszwiebeln** waschen, in dünne Ringe schneiden. 1 große rote **Paprikaschote** (250 g) waschen, entkernen, klein würfeln. 1 **Fleischtomate** waschen, ebenfalls in kleine Würfel schneiden. Alles zum Bulgur geben, 2 EL **Olivenöl,** 6 EL **Zitronensaft, Salz** und **Pfeffer** einrühren, kalt stellen. Für 3 Portionen.

Prep-Petersilie-Minze-Mix 2 Bund glatte **Petersilie** und 1 Bund **Minze** waschen, grob in Stücke schneiden und mit den Stielen im Blitzhacker zerkleinern. In einer Box kühl lagern.

Prep-Hummus Die übrigen **Prep-Kichererbsen** mit gekochten **Knoblauchzehen,** 3 EL **Olivenöl,** 6 EL **Zitronensaft,** 1 TL **Kreuzkümmel, Salz, Chiliflocken** und so viel Kichererbsensud wie nötig zu einer cremigen Paste pürieren. Abschmecken, kalt stellen. Für 3 Portionen.

Taboulé mit Kürbispuffern
Woche 9
Montag
Kürbispuffer mit Hummus

Heute ist Kürbispuffer-Tag: mittags kalt zum würzigen Taboulé, mit Gurke und Oliven aufgepeppt. Abends aufgebacken und dazu – ganz orientalisch – Hummus und Tomaten.

Montagmittag

Taboulé mit Kürbispuffern

vegetarisch, laktosefrei, frei von raffiniertem Zucker

3–4 EL Prep-Petersilie-Minze-Mix
1–2 EL Zitronensaft
1 Portion Prep-Taboulé
100 g Salatgurke
5 entsteinte schwarze oder grüne Oliven
Salz
2 Prep-Kürbispuffer
1 Schuss Mineralwasser mit Kohlensäure

To do **Petersilie-Minze-Mix** und **Zitronensaft** in das **Taboulé** mischen. **Gurke** waschen, längs in Achtel schneiden, dann würfeln. **Oliven** grob hacken. Beides unterziehen, mit **Salz** würzen. In eine Lunchbox geben. Die **Kürbispuffer** extra einpacken.

To go Taboulé mit etwas **Mineralwasser** regenerieren und, falls nötig, mit **Salz** nachwürzen. Dazu die Kürbispuffer genießen.

Zubereitungszeit: 10 Min.

Nährwerte pro Portion

ca. 455 kcal, F 8 g, KH 71 g, EW 14 g, BS 16 g

Montagabend

Kürbispuffer mit Hummus

vegetarisch, laktosefrei, frei von raffiniertem Zucker

4 Prep-Kürbispuffer
100 g Kirschtomaten
1 Portion Prep-Hummus

At home

1 **Kürbispuffer** in der Pfanne oder in der Mikrowelle oder auch im Toaster aufbacken.

2 **Tomaten** waschen, halbieren und mit dem **Hummus** mischen. Zu den Puffern reichen.

TIPP Statt Tomaten passen Gurken- oder rote Paprikawürfel.

Zubereitungszeit: 5 Min.

Nährwerte pro Portion

ca. 543 kcal, F 25 g, KH 53 g, EW 12 g, BS 15 g

Antipasti mit Hummus und Rosmarinschnitte

Woche 9
Dienstag

Taboulé

Mittags gibt es ganz klassisch geröstetes Gemüse mit Hummus und Rosmarinschnitte. Abends gibt es mit Paprika und Gurke aufgepepptes Taboulé.

Dienstagmittag

Antipasti mit Hummus und Rosmarinschnitte

vegan, laktosefrei, frei von raffiniertem Zucker

1 Prep-Rosmarinschnitte
1 Portion Prep-Antipasti-Gemüse
1 Portion Prep-Hummus

To do Die **Rosmarinschnitte, Gemüse** und **Hummus** in einer Bentobox separat verpackt mitnehmen.

To go Frisch aus der Box genießen. Wer mag, toastet die Schnitte.

Zubereitungszeit: 5 Min.

Nährwerte pro Portion

ca. 535 kcal, F 26 g, KH 54 g, EW 16 g, BS 16 g

Dienstagabend

Taboulé

vegetarisch, frei von raffiniertem Zucker

ca. 100 g Salatgurke
1 kleine rote Paprikaschote (150 g)
1 Portion Prep-Taboulé
1 Schuss Mineralwasser mit Kohlensäure
3–4 EL Prep-Petersilie-Minze-Mix
1 Prep-Rosmarinschnitte

At home

1 **Gurke** waschen, längs in Achtel schneiden, dann würfeln. **Paprika** waschen, entkernen, erst in Streifen, dann in Würfel schneiden. Beides unter das **Taboulé** mischen, mit etwas **Mineralwasser** auffrischen und mit **Petersilie-Minze-Mix** nachwürzen. Mit der **Rosmarinschnitte** genießen.

Zubereitungszeit: 10 Min.

Nährwerte pro Portion

ca. 388 kcal, F 6 g, KH 64 g, EW 13 g, BS 15 g

Kürbis-Kichererbsen-Suppe mit Rosmarinschnitten

Woche 9
Mittwoch

Kürbispuffer mit Antipasti-Gemüse

Das Kürbismus ist die cremige Basis für Kichererbsen und Kräuter. Schmeckt warm und kalt mit Rosmarinschnitten. Abends werden Kürbispuffer aufgebacken und mit Antipasti-Gemüse gegessen – mit frischen Kräutern als Topping.

Mittwochmittag

Kürbis-Kichererbsen-Suppe mit Rosmarinschnitten

vegetarisch, frei von raffiniertem Zucker

2 Portionen Prep-Kürbismus
1 EL Schmand
50 g Prep-Kichererbsen
1 EL Prep-Petersilie-Minze-Mix
Salz
1–2 TL Zitronensaft
2 Prep-Rosmarinschnitten

To do **Kürbismus** mit so viel Wasser verdünnen, dass es die Konsistenz von Suppe hat. **Schmand** einrühren, **Kichererbsen** und **Petersilie-Minze-Mix** zugeben. Mit **Salz** und **Zitronensaft** würzig abschmecken. In eine dicht schließende Lunchbox füllen. **Rosmarinschnitten** separat verpacken und mitnehmen.

To go Suppe erhitzen oder kalt mit den Rosmarinschnitten genießen. Nach Belieben die Schnitten vorher toasten.

Zubereitungszeit: 10 Min.

Nährwerte pro Portion

ca. 444 kcal, F 15 g, KH 59 g, EW 15 g, BS 13 g

Mittwochabend

Kürbispuffer mit Antipasti-Gemüse

vegetarisch, laktosefrei, frei von raffiniertem Zucker

4 Prep-Kürbispuffer
1 Portion Prep-Antipasti-Gemüse
50 g Prep-Kichererbsen
1 EL Prep-Petersilie-Minze-Mix
1–2 TL Zitronensaft
Salz, Pfeffer

At home

1 Die **Kürbispuffer** in einer Pfanne von beiden Seiten erhitzen.
2 Das **Antipasti-Gemüse** mit **Kichererbsen** und **Petersilie-Minze-Mix** mischen. Mit **Zitronensaft, Salz** und **Pfeffer** abschmecken. Zu den Kürbispuffern essen.

Zubereitungszeit: 5 Min.

Nährwerte pro Portion

ca. 398 kcal, F 14 g, KH 48 g, EW 12 g, BS 13 g

Woche 9
Donnerstag

Kürbispuffer mit Kürbis-Hummus

Gefüllte Zucchini-Schiffchen

Mittags gibt es Kürbispuffer und dazu Hummus, mit Kürbismus verlängert. Abends werden Zucchinihälften mit Taboulé gefüllt und überbacken – die Hälfte davon ist für Freitagmittag.

Donnerstagmittag

Kürbispuffer mit Kürbis-Hummus

vegetarisch, laktosefrei, frei von raffiniertem Zucker

2 Prep-Kürbispuffer
1 Portion Prep-Kürbismus
1 Portion Prep-Hummus
Salz, Pfeffer
gemahlener Kreuzkümmel (Cumin)

To do **Puffer** verpacken. **Kürbismus** mit **Hummus** mischen, mit **Salz, Pfeffer** und **Kreuzkümmel** abschmecken und extra einpacken.

To go Kürbispuffer kalt oder aufgewärmt zum Kürbis-Hummus essen.

Zubereitungszeit: 5 Min.

Nährwerte pro Portion

ca. 449 kcal, F 20 g, KH 43 g, EW 15 g, BS 13 g

Donnerstagabend

Gefüllte Zucchini-Schiffchen

vegetarisch, frei von raffiniertem Zucker

3–4 kleinere Zucchini (insg. ca. 600 g)
Salz, Pfeffer
1 Portion Prep-Taboulé
2 EL Prep-Petersilie-Minze-Mix
1 EL Sesamsamen
50 g Reibekäse
3–4 Kirschtomaten
1 Prep-Rosmarinschnitte

At home

1 Ofen auf 180 °C Umluft vorheizen. **Zucchini** waschen, aushöhlen, **salzen, pfeffern,** in eine Auflaufform setzen. Ausgehöhltes Fruchtfleisch hacken. **Taboulé, Kräutermix** und 2–3 EL Zucchinihack mischen, „Schiffchen“ mit der Hälfte davon füllen, die Hälfte mit **Sesam,** den Rest mit **Käse** bestreuen.
2 **Tomaten** waschen, vierteln. Mit übrigem Taboulé und Zucchinihack in der Form verteilen, 20 Min. backen.
3 Sesam-Schiffchen für morgen in eine Box packen. Käse-Schiffchen mit **Rosmarinschnitte** genießen.

Zubereitungszeit: 15 Min.
Backzeit: 20 Min.

Nährwerte pro Portion

ca. 516 kcal, F 16 g, KH 63 g, EW 21 g, BS 16 g

Woche 9
Freitag

Reste-Zucchini-Schiffch

Shakshuka mit Gemüse

Zum Mittagessen einfach die Sesam-Schiffchen vom Vortag mitnehmen, sie schmecken kalt und warm. Zum krönenden Abschluss gibt es abends Shakshuka aus Kürbismus, Kirschtomaten und Antipasti-Gemüse – mit Ei. Dazu die letzte Rosmarinschnitte.

Freitagmittag
Reste-Zucchini-Schiffchen

vegan, laktosefrei, glutenfrei, frei von raffiniertem Zucker

3–4 gefüllte Sesam-Zucchinischiffchen (siehe Donnerstagabend)

To do Die Lunchbox mit den gefüllten **Sesam-Zucchinischiffchen** mitnehmen.

To go Einfach aus der Box genießen.

Zubereitungszeit: 1 Min.

Nährwerte pro Portion

ca. 423 kcal, F 17 g, KH 36 g, EW 25 g, BS 10 g

Freitagabend
Shakshuka mit Gemüse

vegetarisch, laktosefrei, frei von raffiniertem Zucker

restliches Prep-Antipasti-Gemüse
restliches Prep-Kürbismus
75 g Kirschtomaten
Salz, Pfeffer
½ TL getrocknete Rosmarinnadeln
1 Ei (Größe M)
1 EL Prep-Petersilie-Minze-Mix
1 Prep-Rosmarinschnitte

At home

1 **Antipasti-Gemüse** mit **Kürbismus** vermengen. **Tomaten** waschen, vierteln und untermischen. Mit **Salz, Pfeffer** und **Rosmarin** würzen und in einer kleinen beschichteten Pfanne erhitzen.

2 In die Mitte eine Mulde drücken, das **Ei** hineingleiten lassen und einige Minuten schmoren, damit das Eiweiß stockt. Mit **Petersilie-Minze-Mix** bestreuen und mit der **Rosmarinschnitte** genießen.

Zubereitungszeit: 5 Min.
Garzeit: ca. 10 Min.

Nährwerte pro Portion

ca. 512 kcal, F 21 g, KH 57 g, EW 20 g, BS 14 g

10 DIE SÜSSE SALATWOCHE

Hier kommen Süßschnäbel auch ganz ohne Zucker auf ihre Kosten und nehmen trotzdem garantiert ab! Der Tag beginnt mit köstlichen Apfelmuffins und frisch gemixten Smoothies, dann gibt es Pfannkuchen mit Mandelmehl in vielerlei Form, Kartoffelplätzchen mit Dinkelmehl und Linsencouscous. Raspelrotkohl mit Granatapfel sowie Karottenstreifen mit Ananas sorgen für fruchtige Frische, eiweißreicher Mangoquark für sättigende Proteine. Und das alles ohne raffinierten Zucker!

WOCHEN-SPEISEPLAN 10

Frühstück

Apfelmuffins mit Smoothie

To go

At home

Montag

Gefüllte Mangoquark-Pfannkuchen mit Blaubeeren

Kartoffelplätzchen mit Karottenrohkost

187

187

Dienstag

Karotten-Couscous-Salat

Überbackene Mangoquark-Pfannkuchen

189

189

Pfannkuchen S. 185

Mittwoch

Pfannkuchen mit Schoko-Quark-Füllung

Kartoffelplätzchen mit Rotkohlsalat

191

191

Donnerstag

Couscous-Rotkohl-Salat

Pfannkuchen Hawaii

193

193

Freitag

Kartoffelplätzchen mit Mangoquark und Beeren

Flädlesuppe mit Couscoussalat

195

195

Samstags einkaufen

Einkaufsliste für 1 Person

Gemüse, Kräuter und Obst

300 g Rotkohl
600 g Karotten
500 g mehligkochende Kartoffeln
1 Bund Frühlingszwiebeln
2 Knoblauchzehen
2-cm-Stück Ingwer
500 g Kirschtomaten
1 Bund glatte Petersilie
2 Biozitronen
800 g Wassermelone (500 g Fruchtfleisch)
1 kleine Banane
1 kleiner Apfel (ca. 100 g)
1 kleine Ananas (mind. 270 g Fruchtfleisch)
1 Granatapfel
1 kleine Mango (150 g Fruchtfleisch)
425 g Blaubeeren

Frischprodukte

4 Eier (Größe M)
20 g Butter
500 g Magerquark
100 ml Milch (1,5 %)
50 g fettarmer Reibekäse
30 g Putenschinken

Lagerprodukte

120 g Couscous
80 g Mandelmehl
200 ml Apfelsaft
Mineralwasser mit Kohlensäure

Aus dem Vorrat

285 g Dinkelmehl (Type 1050)
60 g schwarze oder grüne Linsen
100 g Haselnusskerne
Rapsöl
Balsamico-Essig
Dijonsenf
Salz, Pfeffer
gemahlene Vanille
gemahlener Zimt
geriebene Muskatnuss
gemahlener Piment
1 Lorbeerblatt
Instant-Gemüsebrühe
entöltes Kakaopulver
Kakaonibs
1 Pck. Backpulver
250 ml ungesüßter Mandeldrink
Honig
Erythrit

www.mengenrechner.de

- Diätwoche auf mehrere Personen umrechnen
- Einkaufsliste aufs Handy holen

Tauschmöglichkeiten

Ananas	gegen	Weintrauben oder Mango
Kirschtomaten	gegen	Karotte, Rote Bete
Blaubeeren	gegen	andere Beeren
Granatapfel	gegen	Rote Johannisbeeren oder Apfel
Petersilie	gegen	Dill
80 g Mandelmehl	gegen	50 g gemahlene Mandeln
Erythrit	gegen	Puderzucker

Für vegane Variante tauschen

Milch	gegen	Sojadrink
Magerquark	gegen	Sojacreme, veganen Quark
30 g Putenschinken	gegen	20 g Räuchertofu

Frühstück Woche 10

Apfelmuffins mit Smoothie

vegetarisch, laktosefrei,

frei von raffiniertem Zucker

Die Apfelmuffins sind nur leicht süß, stecken aber voller gesunder Fette und Kohlenhydrate.

To do 100 g **Wassermelonenfleisch** mit 100 g gewaschenen **Kirschtomaten** im Mixer pürieren. Nach Belieben 1 TL **Honig** in den Smoothie mixen. Dann mit 1 **Prep-Apfelmuffin** >> Seite 184 genießen.

TIPP Je nach Saison passen für den Smoothie statt Melone auch Beeren oder Birne, Pfirsich, Mango. Statt Tomaten schmecken auch Rote Bete, Karotten oder geschälte Süßkartoffel – allesamt natürlich roh.

Zubereitungszeit: 8 Min.

Nährwerte pro Portion

ca. 350 kcal, F 19 g, KH 21 g, EW 8 g, BS 4 g

Am Meal-Prep-Tag

SONNTAGS IN DER KÜCHE

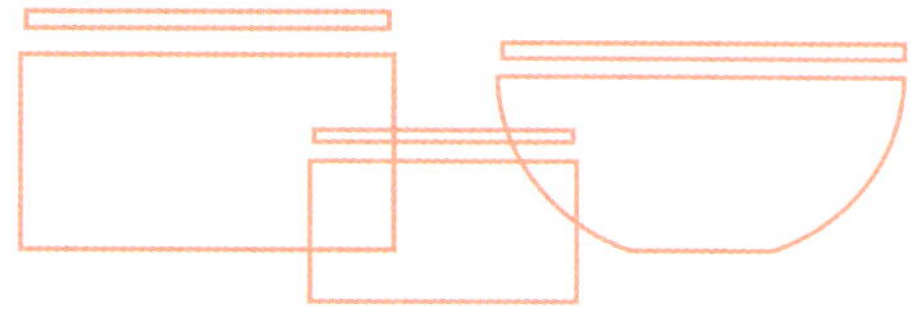

450 ml für Muffins | 300 ml für Plätzchen | 450 ml für Linsencouscous

Gesamtzeit der Vorbereitung: 2 Std. 20 Min.

>> SO GEHT'S AM SCHNELLSTEN

1. Backofen auf 180 °C Umluft vorheizen.
2. Prep-Apfelmuffins backen.
3. Kartoffeln für Prep-Kartoffelplätzchen kochen.
4. Während der Kochzeit Prep-Rotkohlsalat zubereiten.
5. Prep-Petersilie-Zwiebel-Mix herstellen.
6. Teig für Prep-Pfannkuchen rühren und quellen lassen.
7. Inzwischen Prep-Ananas schneiden.
8. Kartoffelteig für Prep-Kartoffelplätzchen zubereiten und ruhen lassen.
9. Prep-Pfannkuchen backen.
10. Prep-Kartoffelplätzchen formen, braten.
11. Prep-Linsencouscous zubereiten.
12. Prep-Karottenrohkost zubereiten.
13. Prep-Mandel-Mango-Quark mischen.

Im Ofen garen

Prep-Apfelmuffins 100 g **Haselnüsse** hacken. 100 g **Karotte** waschen, grob in Stücke schneiden. 1 **Apfel** (etwa 100 g) waschen, entkernen, ungeschält ebenfalls grob in Stücke schneiden. Karotten- und Apfelstücke im Blitzhacker zerkleinern. 1 **Ei** mit 100 ml **Apfelsaft** und 4 EL **Rapsöl** verquirlen, Apfel-Karotten-Raspel unterziehen. 125 g **Dinkelmehl** (Type 1050) mit 3 TL **Backpulver,** gehackten Haselnüssen und 1 TL **Zimt** vermischen und mit 2 EL **Honig** schnell unter den Teig mischen. In fünf **Muffinformen** füllen, im vorgeheizten Backofen bei 180 °C Umluft 25–30 Min. backen. Kühl lagern.

Auf dem Herd

Prep-Kartoffelplätzchen 500 g mehligkochende **Kartoffeln** waschen, ungeschält in wenig Wasser je nach Größe 20–30 Min. gar kochen. Dann abgießen, pellen, durch die Presse drücken oder zerstampfen, etwas abkühlen lassen. Mit 40 g **Dinkelmehl** (Type 1050), 1 **Ei, Salz, Pfeffer** und **Muskat** schnell zu einem Teig verkneten, mindestens 30 Min. ruhen lassen. Zu neun Puffern (à etwa 65 g) formen. In einer beschichteten Pfanne in wenig **Rapsöl** (insgesamt etwa 3 EL) von beiden Seiten knusprig braun braten, auf Küchenpapier abtropfen lassen. Kühl lagern.

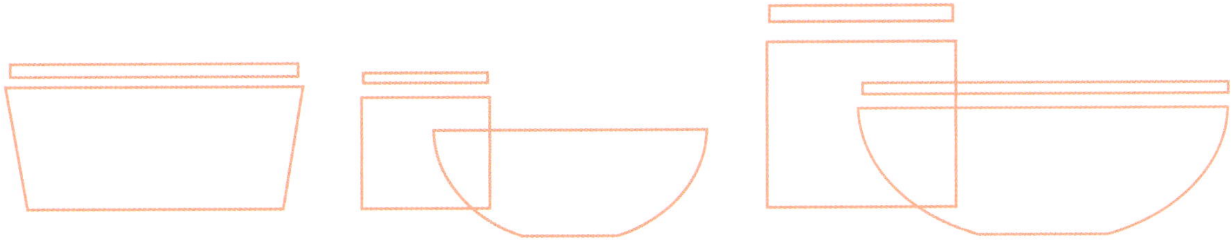

600 ml für Rotkohlsalat

400 ml für Petersilie-Zwiebel-Mix

500 ml für Ananas

650 ml für Karottenrohkost

800 ml für Mandel-Mango-Quark

Prep-Pfannkuchen 2 **Eier** im Wechsel mit 120 g **Dinkelmehl** (Type 1050), 250 ml ungesüßtem **Mandeldrink,** 50 g **Mandelmehl** und 1 Prise **Salz** zu einem Teig verrühren, mindestens 30 Min. quellen lassen. Eventuell mit etwas **Mineralwasser** verdünnen. Portionsweise in einer beschichteten Pfanne (Ø 20 cm) in insgesamt 20 g **Butter** neun Pfannkuchen (à etwa 55 g) backen. Aufeinanderstapeln, mit Frischhaltefolie abdecken, kalt stellen.

Prep-Linsencouscous 60 g **schwarze** oder **grüne Linsen** in 300 ml Wasser mit 1 Stück **Zitronenschale,** 2 geschälten **Knoblauchzehen** und 1 **Lorbeerblatt** knapp gar kochen. Nach 15 Min. 120 g **Couscous** zugeben, **salzen, pfeffern,** abgeschaltet ziehen lassen. Saft von 1 **Zitrone** (etwa 50 ml) und 1 EL **Rapsöl** zugeben, Lorbeer, Zitronenschale und Knoblauch entfernen, kalt stellen. Für 3 Portionen.

Fix gemacht

Prep-Rotkohlsalat 300 g **Rotkohl** waschen, dünn hobeln. 1 **Granatapfel** halbieren, Fruchtkerne herausdrücken. Rotkohl und Granatapfelkerne mit 2 EL **Rapsöl,** 2 EL **Balsamico-Essig,** etwas **Salz, Pfeffer** und 1 Msp. gemahlenem **Piment** vermischen, kalt stellen. Für 3 Portionen.

Prep-Petersilie-Zwiebel-Mix 1 Bund glatte **Petersilie** waschen, mit den Stielen im Blitzhacker zerkleinern. 1 Bund **Frühlingszwiebeln** putzen, in dünne Scheiben schneiden. Beides mischen, kühl lagern.

Prep-Ananas 1 kleine **Ananas** (etwa 500 g) schälen, längs vierteln, Strunk entfernen, in fingerdicke Scheiben schneiden. 150 g Fruchtfleisch für die Prep-Karottenrohkost verwenden. Den Rest (mindestens 120 g für Donnerstagabend) kalt stellen.

Prep-Karottenrohkost 500 g **Karotten** waschen, eventuell schälen, in Spiralen drehen oder fein raspeln. 150 g **Prep-Ananas** klein schneiden. 2-cm-Stück **Ingwer** schälen und fein hacken. Alle Zutaten mit 1–2 EL **Rapsöl,** 1–2 EL **Dijonsenf** und 1 Prise **Salz** mischen, kalt stellen. Für 2 Portionen.

Prep-Mandel-Mango-Quark 1 kleine **Mango** schälen, Fruchtfleisch (etwa 150 g) hacken. Mit 500 g **Magerquark,** ½ TL gemahlener **Vanille** und 30 g **Mandelmehl** verrühren, kalt stellen. Für 4 Portionen (à etwa 170 g).

Gefüllte Mangoquar
Pfannkuchen mit
Blaubeeren

Woche 10

Montag

Kartoffelplätzchen
mit Karottenrohkost

Wunderbare, mit Beeren und Mangoquark gefüllte Pfannkuchen machen durch Mandelmehl extralange satt. Abends schmecken aufgebackene Kartoffelplätzchen zu fruchtig-würzigem Karottensalat.

Montagmittag

Gefüllte Mangoquark-Pfannkuchen mit Blaubeeren

vegetarisch, frei von raffiniertem Zucker

125 g Blaubeeren
2 Prep-Pfannkuchen
1 Portion Prep-Mandel-Mango-Quark

To do **Blaubeeren** abbrausen und abtropfen lassen. **Pfannkuchen** mit **Mandel-Mango-Quark** bestreichen, Hälfte der Blaubeeren mittig verteilen und eng zusammenrollen. Einzeln in Frischhaltefolie verpacken. Restliche Beeren extra verpacken.

To go Die gefüllten Pfannkuchen mit den Beeren genießen.

Zubereitungszeit: 10 Min.

Nährwerte pro Portion

ca. 397 kcal, F 10 g, KH 19 g, EW 32 g, BS 7 g

Montagabend

Kartoffelplätzchen mit Karottenrohkost

vegetarisch, laktosefrei, frei von raffiniertem Zucker

3 Prep-Kartoffelplätzchen
1 Portion Prep-Karottenrohkost
2 EL Apfelsaft
1–2 EL Prep-Petersilie-Zwiebel-Mix
Salz, Pfeffer

At home

1 **Kartoffelplätzchen** in der Mikrowelle oder in der Pfanne aufbacken.

2 **Karottenrohkost** mit **Apfelsaft** und **Petersilie-Zwiebel-Mix** auffrischen, abschmecken und zu den Kartoffelplätzchen essen.

Zubereitungszeit: 5 Min.

Nährwerte pro Portion

ca. 477 kcal, F 18 g, KH 53 g, EW 10 g, BS 10 g

Karotten-Couscous-Salat

Woche 10
Dienstag

Überbackene Mangoquark-Pfannkuchen

Couscoussalat mit Karottenrohkost und frischen Kräutern macht durch Berge von Ballaststoffen auf leichte Art satt. Abends gibt es einen Gaumenschmeichler: überbackene Mangoquark-Pfannkuchen. Wer mag, kann die Gerichte für mittags und abends tauschen.

Dienstagmittag

Karotten-Couscous-Salat

vegan, laktosefrei, glutenfrei, frei von raffiniertem Zucker

1 Portion Prep-Linsencouscous
1 Portion Prep-Karottenrohkost
1–2 EL Zitronensaft
2 EL Prep-Petersilie-Zwiebel-Mix
Salz, Pfeffer

To do Alle **Zutaten** miteinander mischen, abschmecken und in eine Lunchbox füllen.

To go Frisch aus der Box genießen.

Zubereitungszeit: 5 Min.

120g Couscous
60g schwarze od. grüne Linsen
(evtl. 1 Dose Kichererbsen)

Nährwerte pro Portion

ca. 527 kcal, F 15 g, KH 73 g, EW 15 g, BS 14 g

Dienstagabend

Überbackene Mangoquark-Pfannkuchen

vegetarisch, frei von raffiniertem Zucker

200 g Blaubeeren
2 Prep-Pfannkuchen
1 Portion Prep-Mandel-Mango-Quark
100 ml Milch (1,5 %)
1 TL Erythrit

At home

1 Den Backofen auf 180 °C Umluft vorheizen. **Blaubeeren** abbrausen und abtropfen lassen. **Pfannkuchen** mit drei Vierteln des **Quarks** bestreichen, die Hälfte der Blaubeeren mittig verteilen. Pfannkuchen zusammenrollen und in eine kleine Auflaufform legen.

2 Übrige **Quarkfüllung** mit **Milch** verrühren, darübergießen und etwa 20 Min. im vorgeheizten Ofen überbacken. Mit **Erythrit** bestreuen und mit restlichen Beeren genießen.

TIPP Falls noch mehr als 120 g Ananas für den Donnerstagabend übrig ist, kann diese dazu genascht werden.

Zubereitungszeit: 10 Min.
Backzeit: 20 Min.

Nährwerte pro Portion

ca. 362 kcal, F 10 g, KH 28 g, EW 13 g, BS 10 g

Pfannkuchen mit Schoko-Quark-Füllung

Woche 10 Mittwoch

Kartoffelplätzc
mit Rotkohlsal

Die gefüllten Pfannkuchen mittags punkten mit Schoko-Aroma durch Kakaopulver und Kakaonibs – ganz ohne Zucker! Für natürliche Süße sorgt Banane. Abends werden die aufgebackenen Kartoffelplätzchen durch Rotkohlsalat knackig begleitet.

Mittwochmittag
Pfannkuchen mit Schoko-Quark-Füllung

vegetarisch, frei von raffiniertem Zucker

1 TL entöltes Kakaopulver
1 Portion Prep-Mandel-Mango-Quark
2 Prep-Pfannkuchen
1 EL Kakaonibs
1 kleine Banane

To do **Kakaopulver** in den **Mandel-Mango-Quark** rühren und auf den **Pfannkuchen** verstreichen. **Kakaonibs** darüberstreuen. Die **Banane** schälen, in Scheiben schneiden, mittig auf den Pfannkuchen verteilen. Eng zusammenrollen und in Frischhaltefolie wickeln.

To go Auswickeln und genießen.

Zubereitungszeit: 10 Min.

Nährwerte pro Portion

ca. 510 kcal, F 16 g, KH 32 g, EW 35 g, BS 4 g

Mittwochabend
Kartoffelplätzchen mit Rotkohlsalat

vegetarisch, laktosefrei, frei von raffiniertem Zucker

3 Prep-Kartoffelplätzchen
1 Portion Prep-Rotkohlsalat
2 EL Apfelsaft
1 EL Balsamico-Essig
Salz, Pfeffer

At home

1 **Kartoffelplätzchen** in der Mikrowelle oder in einer Pfanne aufbacken.

2 Den **Rotkohlsalat** mit **Apfelsaft** und **Balsamico-Essig** vermengen, mit **Salz** und **Pfeffer** abschmecken und zu den Kartoffelplätzchen essen.

Zubereitungszeit: 5 Min.

Nährwerte pro Portion

ca. 433 kcal, F 17 g, KH 48 g, EW 9 g, BS 6 g

Couscous-Rotkohl-Salat
Woche 10
Donnerstag
Pfannkuchen Hawaii

Durch den Rotkohl bekommt der Couscoussalat einen ganz neuen Charakter und macht mittags auf leichte Art satt. Abends gibt es die Pfannkuchenvariante von Toast Hawaii: Ananas mit Schinken, süßsauer mit Käse überbacken.

Donnerstagmittag

Couscous-Rotkohl-Salat

vegan, laktosefrei, glutenfrei, frei von raffiniertem Zucker

1 Portion Prep-Linsencouscous
1 Portion Prep-Rotkohlsalat
2 EL Apfelsaft
2 EL Prep-Petersilie-Zwiebel-Mix
Salz, Pfeffer

To do **Linsencouscous** und **Rotkohlsalat** mischen. **Apfelsaft** und **Petersilie-Zwiebel-Mix** unterheben, mit **Salz** und **Pfeffer** abschmecken und in eine Lunchbox packen.

To go Salat aus der Box genießen.

Zubereitungszeit: 10 Min.

Nährwerte pro Portion

ca. 487 kcal, F 14 g, KH 69 g, EW 14 g, BS 11 g

Donnerstagabend

Pfannkuchen Hawaii

frei von raffiniertem Zucker

2 Prep-Pfannkuchen
30 g Putenschinken
120 g Prep-Ananas
50 g fettarmer Reibekäse

At home

1 Einen **Pfannkuchen** auf einen Teller legen. Mit der Hälfte von **Putenschinken** und **Ananas** belegen, mit der Hälfte vom **Käse** bestreuen. Zweiten **Pfannkuchen** darauflegen und ebenso verfahren.

2 Pfannkuchen gut abgedeckt in der Mikrowelle erhitzen, bis der Käse schmilzt. Oder im vorgeheizten Ofen bei 180 °C Umluft etwa 15 Min. überbacken.

Zubereitungszeit: 5 Min.
Backzeit: bis zu ca. 15 Min.

Nährwerte pro Portion

ca. 425 kcal, F 23 g, KH 16 g, EW 18 g, BS 2 g

Woche 10
Freitag

Kartoffelplätzchen mit Mangoquark und Beeren

Flädlesuppe mit Couscoussalat

Die Kartoffelplätzchen schmecken auch am letzten Tag – aufgebacken und mit Mandel-Mango-Quark und Beeren süß interpretiert. Abends landet der letzte Pfannkuchen als Flädle in Gemüsebrühe. Dazu gibt es Couscous mit immer noch knackigem Rotkohl.

Freitagmittag

Kartoffelplätzchen mit Mangoquark und Beeren

vegetarisch, frei von raffiniertem Zucker

100 g Blaubeeren
3 Prep-Kartoffelplätzchen
1 Portion Prep-Mango-Mandel-Quark

To do Die **Blaubeeren** abbrausen, abtropfen lassen und in eine kleine Box geben. **Kartoffelplätzchen** und **Mango-Mandel-Quark** extra verpacken.

To go Entweder die Plätzchen in der Mikrowelle oder einer Pfanne erhitzen oder kalt genießen – mit dem Quark und den Blaubeeren.

Zubereitungszeit: 10 Min.

Nährwerte pro Portion

ca. 446 kcal, F 11 g, KH 41 g, EW 29 g, BS 8 g

Freitagabend

Flädlesuppe mit Couscoussalat

vegetarisch, frei von raffiniertem Zucker

1 Prep-Pfannkuchen
200 ml Gemüsebrühe
2–3 EL Prep-Petersilie-Zwiebel-Mix
1 Portion Prep-Linsencouscous
1 Portion Prep-Rotkohlsalat
2 EL Apfelsaft
1 EL Balsamico-Essig
Salz, Pfeffer

At home

1 Den **Pfannkuchen** eng aufrollen und in dünne Streifen schneiden. Die **Gemüsebrühe** aufkochen, dann Pfannkuchen-Flädle und **Petersilie-Zwiebel-Mix** zugeben und erhitzen.

2 **Linsencouscous** mit **Rotkohlsalat** mischen, **Apfelsaft** und **Essig** zugeben und mit **Salz** und **Pfeffer** abschmecken. Nach der Flädlesuppe genießen.

Zubereitungszeit: 10 Min.

Nährwerte pro Portion

ca. 532 kcal, F 16 g, KH 63 g, EW 18 g, BS 9 g

TAUSCHEN LEICHT GEMACHT: DER ÜBERBLICK

Die Saison passt nicht, du magst oder verträgst etwas nicht oder es gibt noch Vorräte, die du gern verbrauchen möchtest? Für alle diese Fälle findest du bei jeder Woche eine Austauschtabelle. Zusätzlich Hinweise, wie die Woche vegetarisch oder vegan werden kann. Gemüse unterscheidet sich in den Garzeiten, Getreide im Quellverhalten und Gewürze im Geschmack. Der Kaloriengehalt von Hähnchen, Käse oder Tofu ist sehr unterschiedlich. Das alles habe ich dabei berücksichtigt.

Praktisch: Folgende Zutaten kannst du 1:1 austauschen, weil sie ähnliche Nährwerte und Garverhalten haben:

Mehl Je höher die Mehltype, desto mehr Flüssigkeit braucht man. Wer umgekehrt Type 1050 durch ein helleres Mehl wie Type 550 ersetzt, braucht weniger Flüssigkeit. Fürs Gelingen ist es egal, ob Weizen oder Dinkel verwendet wird.

Getreide Der Kaloriengehalt der Körner (Amaranth, Buchweizen, Quinoa, Couscous, Bulgur, Reis) ist ähnlich. Auch das Kochverhalten: Auf 100 g kommen 200 ml Flüssigkeit. Nur Polenta (Maisgrieß) braucht doppelt so viel.

Hülsenfrüchte Alle enthalten ähnlich viele Kalorien, nur die Sojabohne hat 20 % mehr. Sehr unterschiedlich sind die Garzeiten: Rote Linsen brauchen etwa 12 Min., die kleinen braunen, grünen oder schwarzen 25 Min. und normale Tellerlinsen 40 Min. Kichererbsen und Bohnen sollten am Vortag eingeweicht werden. Mehl von Kichererbsen, Linsen oder Sojabohnen kann man dagegen unkompliziert tauschen.

Nüsse und Saaten Ob du Sesamsamen, Sonnenblumen-, Pinien- oder Kürbiskerne nimmst, macht wenig Unterschied. Leinsamen dagegen haben deutlich weniger verwertbare Kalorien.

Untereinander tauschen kannst du Wal-, Hasel-, Para-, Pekannüsse und Mandeln. Erdnüsse sind kalorienärmer, da darf es etwas mehr sein. Getrocknete Kokosnuss enthält mehr Kalorien.

Achtung: Mehle aus Nüssen und Saaten enthalten deutlich weniger Fett als normal geriebene Nüsse. Sie werden nämlich beim Pressen von Öl gewonnen. Damit haben sie nur halb so viel Kalorien und quellen mehr. Auch Kokosmilch gibt es mit sehr unterschiedlichem Fett- und damit Kaloriengehalt. Ich verwende fettarme mit etwa 10 % Fett.

Gemüse Keine großen Unterschiede bei den Kalorien, aber bei den Garzeiten. Da lässt sich das Gemüse in Gruppen teilen: Wurzelgemüse wie Beten, Pastinaken, Karotten, Rüben, Kohlrabi, Kürbis und Süßkartoffeln kann man austauschen, ebenso Blattgemüse wie Spinat, Mangold, Chinakohl und Pak Choi. Brokkoli, Blumenkohl und Rosenkohl ähneln einander. Das gilt auch für Zwiebeln und Lauch sowie Weiß-, Rot- und Grünkohl sowie Wirsing.

Obst Untereinander tauschbar sind Beeren, Melone, Pfirsich und Nektarine, Apfel und Birne, Ananas und Mango, Trauben, Zitrusfrüchte und Granatapfel, Pflaumen, Aprikosen und Kirschen.

Fett Welches Öl du verwendest, ist reine Geschmackssache. Das beste Fettsäureverhältnis hat Leinöl, gefolgt von Raps-, Soja- und Walnussöl. Kalorienmäßig sind alle ähnlich. So ist es auch bei Butter und Margarine: Sie sind etwas kalorienärmer als Pflanzenöle, da sie mehr Wasser enthalten.

Käse und Milchprodukte Den Unterschied macht der Fettgehalt. Also saure Sahne (10 %) nicht einfach durch Schmand (20 %) ersetzen. Auch bei Käse und Frischkäse nur dieselbe Fettstufe verwenden, sonst stimmt die Tagesbilanz nicht mehr. Selbst bei Milch macht es einen Unterschied, ob du 1,5 oder 3,5 % verwendest. Pflanzliche Alternativen sind etwas kalorienärmer als fettarme Milch.

Fleisch Fette Teile können mehr als doppelt so viele Kalorien haben wie magere. Bei Geflügel ist die Haut die Fett- und Kalorienbombe. Hähnchen und Pute sind austauschbar, wenn Brustfleisch ohne Haut verwendet wird. Hack vom Rind und Schwein kann man in der magersten Kategorie tauschen. Die Garzeiten sind je nach Tier und Teil unterschiedlich. Geflügel gart am schnellsten, Rind braucht am längsten.

Fisch Die Garzeiten der einzelnen Sorten unterscheiden sich wenig. Sie sind alle im Nu gar – deshalb immer knapp garen. Fette Sorten wie Lachs und Hering haben etwa doppelt so viele Kalorien wie Forelle und die weißen Seefische wie Kabeljau, Seelachs oder Schellfisch. Das gilt auch, wenn sie geräuchert sind.

ALLES RICHTIG AUFBEWAHRT

Die richtige Aufbewahrung der zubereiteten Mahlzeiten ist wichtig, damit diese die ganze Woche über frisch bleiben. Um die Lebensmittel zu lagern, sind nicht unbedingt neue Boxen nötig. Auch Schraubgläser wie alte Essiggurkengläser können zur Vorratshaltung verwendet werden. Bei den Gefäßen kommt es vor allem darauf an, dass sie wirklich dicht schließen. Gerade auf der Arbeit ist es ärgerlich, wenn das Mittagessen in der Tasche statt auf dem Teller landet.

Ein Thermogefäß ist toll, wenn man etwas Warmes mitnehmen möchte. Für den Kühlschrank zu Hause sind stapelbare Boxen am besten, da so der vorhandene Platz im Kühlschrank voll ausgenutzt werden kann. Ich liebe dafür die Porzellankochtöpfe von Eschenbach (www.porzellankochtopf.de), in denen man die Gerichte in der Mikrowelle, auf jeder Art von Herd oder im Backofen aufwärmen kann.

Lebensmittel verderben aufgrund physikalischer, chemischer oder mikrobiologischer Veränderungen. Ursachen dafür sind Schimmelpilze, Bakterien und Hefen. Wie schnell Mikroorganismen sich in Lebensmitteln vermehren, hängt von mehreren Faktoren ab:

Temperatur Mikroorganismen wachsen am besten bei Temperaturen zwischen 20 und 40 °C. Bei Temperaturen unter 10 °C, wie sie im Kühlschrank herrschen, vermehren sich die Organismen deutlich langsamer. Stelle deinen Kühlschrank so kalt wie möglich! Das erhält am besten die Qualität.

Beim Aufwärmen sollte das Gericht richtig durcherhitzt sein: Bei Temperaturen über 65 °C sterben alle Keime sicher ab.

Wasseraktivität Das ist der Gehalt an freiem verfügbarem Wasser in Lebensmitteln oder Speisen. Ist dieser Wert hoch, können sich Bakterien schnell vermehren. Deshalb sind trockene Nudeln geradezu unendlich haltbar, gekochte dagegen nur 1 Woche. Bei vorgekochten Gerichten ist Kühlung deshalb besonders wichtig.

pH-Wert Der pH-Wert gibt den Grad der Säure an. Der günstigste Wert für ein schnelles Wachstum liegt für die meisten Mikroorganismen im neutralen Bereich (pH von 7). Bei einem sauren pH-Bereich (pH < 4,5; zum Beispiel Zitrusfrüchte) wird das Wachstum gehemmt. Deshalb sind saure Gurken, Sauerkraut und Mixed Pickels auch ohne Kühlung haltbar.

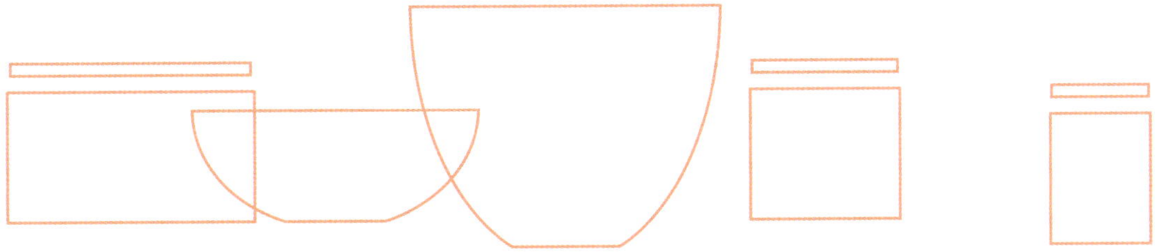

Sauerstoffgehalt Viele Mikroorganismen benötigen Sauerstoff zum Wachsen. Werden luftdicht verschließbare Boxen verwendet, fehlt Sauerstoff, sodass Mikroorganismen sich nur schwer vermehren können.

Jedes Lebensmittel hat unterschiedliche Anforderungen an eine optimale Lagerung. Die Tabelle gibt einen Überblick über die richtige Aufbewahrung verschiedener Lebensmittel:

Brot	In einem Tontopf mit Deckel lagern ODER stückweise einfrieren. Im verschlossenen Tiefkühlbeutel lässt sich Brot bis zu 3 Monate aufbewahren.
Knoblauch und Zwiebeln	In einem Tongefäß lagern, das genug Platz zum Atmen lässt.
Banane, Mango, Ananas, Melone	Bananen bekommen im Kühlschrank schnell braune Flecken, weil die Kälte ihr Zellgewebe beschädigt. Bei Zimmertemperatur lagern und vor direkter Sonneneinstrahlung schützen. Mango, Ananas und Melone kann man einfach im Kühlschrank lagern.
Avocado	*Harte Avocados:* bei Zimmertemperatur lagern, bis sie nachgereift sind. *Angeschnittene Avocados:* Kern drin lassen, mit Zitronensaft beträufeln und in einen luftdichten Behälter geben, dann in den Kühlschrank legen.
Fruchtaufstrich	Je mehr Zucker der Aufstrich hat, umso länger hält er sich. Ist er zuckerarm oder -frei zubereitet, in jedem Fall im Kühlschrank aufbewahren. Ohne Gelatine kann man ihn auch portionsweise einfrieren. Wichtig: Nur mit sauberem Besteck in den Aufstrich gehen!
Pesto	Das Pesto immer mit einer Schicht Olivenöl bedecken. Öl konserviert und sorgt dafür, dass das Pesto bis zu 3 Wochen haltbar ist.
Zitrusfrüchte	Vertragen keine Kälte. Bei mäßiger Raumtemperatur offen lagern, zum Beispiel in einer Obstschale. Auch aufgeschnittene Zitrusfrüchte müssen nicht in den Kühlschrank. Bei Zimmertemperatur halten sie gut 1 Woche. Biozitrusfrüchte haben eine kürzere Haltbarkeit – bei längerer Lagerung ins Gemüsefach legen.
Öl	Bei Zimmertemperatur lichtgeschützt lagern (dunkler Schrank). *Ausnahme:* Leinöl im Kühlschrank lagern oder in einer Box einfrieren. Es bleibt weich.
Rohes Fleisch/ roher Fisch	Kühlkette einhalten: Mit Kühlbox oder -tüte einkaufen und zu Hause sofort in den Kühlschrank packen. Direkt über dem Gemüsefach lagern, dort herrschen die kältesten Temperaturen im Kühlschrank (2 °C).

Kalt, trocken und luftdicht – so halten die Prep-Gerichte.

Milch und Milchprodukte	Milchprodukte im Kühlschrank auf der mittleren Ablage aufbewahren (5 °C), Käse auf der obersten (9 °C). Butter hat ihren Platz in der Kühlschranktür, dort ist es mit am wärmsten im Kühlschrank (9 °C).	
Eier	Frische Eier bis zu 28 Tage nach Legedatum bei Zimmertemperatur lagern. Sind sie einmal gekühlt, müssen sie weiter in den Kühlschrank. Gekochte Eier im Kühlschrank aufbewahren – wenn die Schale intakt ist, sind sie dort mindestens 2 Wochen haltbar.	
Zubereitete Speisen	Abgedeckt in einem geeigneten Vorratsgefäß im oberen Bereich des Kühlschranks lagern.	
Kräuter	In einer dicht verschlossenen Plastikbox im Kühlschrank halten sich Kräuter wesentlich besser als in einem Wasserglas.	
Übersicht Obst und Gemüse	*Lagern im Gemüsefach des Kühlschranks*	Artischocken, Blattgemüse, Blumenkohl, Brokkoli, Chicorée, Endivie, Erbsen, grüne Bohnen, Lauchzwiebeln, Kohl, Lauch, Karotten, Pilze, Radieschen, Rettich, Rote Beten, Salat, Salatmischungen, Sellerie, Spargel, Spinat, Süßmais, Äpfel, Aprikosen, Brombeeren, Erdbeeren, Feigen, Heidelbeeren, Himbeeren, Kirschen, Trauben
	Nachreifen im Zimmer und Lagern im Kühlschrank	Avocados, Birnen, Kiwis, Nektarinen, Pfirsiche, Pflaumen, Zwetschgen
	Lagern vorzugsweise bei Raumtemperatur	Auberginen, Basilikum, Gurken, Ingwer, Kartoffeln, Knoblauch, Lagerzwiebeln, Paprika, Tomaten, Zucchini, Ananas, Bananen, Grapefruits, Mandarinen, Mangos, Orangen, Papaya, Melone, Wassermelone, Zitrusfrüchte
Pilze	Aus der Verpackung nehmen und im Kühlschrank trocken aufbewahren.	

!

Wichtig Die Gerichte sind natürlich nicht ewig haltbar. Gut gekühlt können sie jedoch problemlos einige Tage aufbewahrt werden. Bei der Rezeptentwicklung habe ich die Haltbarkeit stets berücksichtigt und getestet. Lebensmittel, die schneller verderben, werden daher am Anfang der Woche verarbeitet und aufgebraucht. Für die Aufbewahrungsdauer gibt es keine feste Regel. Vertraue auf dein Urteilsvermögen, rieche und probiere selbst! Mit den folgenden Tipps kann nichts schiefgehen:

- Die Kühlkette ist das A und O. Frische und kühlpflichtige Produkte nach dem Einkauf direkt im Kühlschrank verstauen.
- Wenn im Rezept steht, dass ein Meal-Prep-Gericht in Portionen aufgeteilt werden soll, einfach die Portionen mit Zahnstochern oder Messerschnitten markieren, um den Überblick zu haben.
- Verwende jedes Mal einen sauberen Löffel, wenn du Portionen aus den Aufbewahrungsboxen schöpfst. Nur so bleibt eine lange Haltbarkeit garantiert.
- Warme Gerichte sollten Zimmertemperatur haben, bevor sie in den Kühlschrank oder in die Tiefkühltruhe wandern. Spätestens nach 2 Stunden sollten die Speisen gekühlt werden.
- Kartoffeln nicht in einer Plastikbox aufbewahren, hier ziehen sie Wasser und verderben schneller. Lieber auf einem Teller mit einem sauberen Tuch oder Küchenpapier abdecken und im Kühlschrank aufbewahren.

Einfrieren: für Sicherheitsfreaks, die auf ein Tiefkühlfach zugreifen können

Wenn du dir trotz allem unsicher bist: Die zubereiteten Speisen lassen sich auch gut einfrieren. Einige Lebensmittel sind allerdings nicht TK-geeignet (siehe Seiten 199–200). Insgesamt sollte man Lebensmittel, die eingefroren werden sollen, etwas kürzer garen. Sie werden durch den Frost ohnehin weicher. In jedem Fall ist Einfrieren die sicherste Methode, vorgekochte Lebensmittel lange haltbar zu machen. Durch die tiefen Temperaturen können sich Mikroorganismen kaum vermehren, auch empfindliche Nährstoffe werden geschont. Damit die Qualität der zubereiteten Speisen erhalten bleibt, gibt es ein paar Dinge zu beachten:

- Lebensmittel unbedingt luftdicht verpacken.
- Darauf achten, dass die verwendeten Behälter tiefkühlgeeignet sind. Meist weisen Symbole auf der Unterseite darauf hin. Optimal ist, wenn man die Gerichte auch gleich darin erhitzen kann, wie beim Porzellankochtopf.
- Nicht alle Lebensmittel können eingefroren werden. Ungeeignet sind: Eier, Blattsalate, Frischkostsalate, Radieschen, Rettich, rohe sowie gekochte Kartoffeln und Zwiebeln, Gurken, Tomaten, Wassermelonen, Weintrauben, ganze rohe Äpfel und Birnen. Wasserreiche Lebensmittel werden beim Auftauen matschig und verlieren ihre typische Konsistenz. Ungeeignet sind auch Milchprodukte wie Joghurt, saure Sahne und Crème fraîche. Sie flocken schnell aus und werden grisselig.
- Die Zutaten für das Mittagessen am nächsten Tag über Nacht im Kühlschrank auftauen. Je nach Jahreszeit in einer Isoliertasche transportieren. Für das Abendessen reicht es, am Morgen die Meal-Prep-Gerichte zum Auftauen in den Kühlschrank zu stellen. Dann klappt es abends auch mit dem Erhitzen schneller.

REZEPTREGISTER NACH WOCHENPLÄNEN

NORDISCH GENIESSEN MIT FISCH UND GARNELEN

SCHMORWOCHE MIT GULASCH UND KOHLROULADEN

SESAM, ÖFFNE DICH: ORIENTALISCH VEGETARISCH

TEX-MEX-WOCHE MIT SCHOKO UND CHILI

VEGGIE-WOCHE MIT WURZELGEMÜSE

REZEPTREGISTER NACH EINZELREZEPTEN

WWW.MENGENRECHNER.DE
UNSER KOSTENLOSER SERVICE FÜR SIE

Der Einkaufsassistent für unsere Kochbücher

Abschreiben oder Abfotografieren war gestern
Die Rezepte jeweils ganzer Wochen aus diesem Buch lassen sich kostenlos auf **www.mengenrechner.de** an die Personenzahl und individuelle Portionsgrößen anpassen und als E-Mail auf dein Smartphone schicken. Zutaten lassen sich streichen bzw. durch alternative Zutaten ergänzen.

Dieses Buch lässt sich nicht, wie sonst üblich, mit den anderen Kochbüchern unseres Verlags bei der Rezeptsuche kombinieren. Deaktiviere also bitte **alle anderen Bücher,** bevor du das Prep-Diät-Buch im Mengenrechner aktivierst. Und deaktiviere dieses Buch, wenn du andere Bücher nutzen möchtest.

Food-Fotografie

Hubertus Schüler Der passionierte Still-Life-Fotograf Hubertus Schüler hat sein Handwerk in den perfektionistischen wie wilden Gefilden der Werbung gelernt. Nach der Assistenzzeit in Düsseldorf arbeitet er seit 1990 als selbstständiger Fotograf in Bochum – mit Leib, Seele und all seinen Talenten. Sein Studio ist Atelier, Requisite, Partyloft, Profiküche und Experimentieranstalt. Er sagt, er sei Fotograf geworden, weil er nicht malen könne. Welch ein Glück für die Fotografie! Nun malt er statt mit Pinseln mit Präzision und Licht. Zudem hat er ein großes Faible für Styling und wenn er ausnahmsweise nichts vor der Linse hat, scannt er Flohmärkte nach alten Schätzen, die ein interessantes Leben geführt und was zu erzählen haben, oder malt und schrubbt und tuscht Untergründe. Seine Fotografien wurden vielfach ausgezeichnet.

DANK UND IMPRESSUM

Ich danke meinen Mitarbeiterinnen Nina Lange, Denise Fuchs und Rabea Schild für die engagierte Mitarbeit an der Prep-Diät.

Originalausgabe
Becker Joest Volk Verlag GmbH & Co. KG
Bahnhofsallee 5, 40721 Hilden, Deutschland

1. Auflage Dezember 2019

ISBN 978-3-95453-171-4

Rezepte, Texte und Idee: Dagmar von Cramm
Food-Fotografie: Hubertus Schüler und Benedikt Obermeier
Bildbearbeitung: Benedikt Obermeier
Projektleitung: Johanna Hänichen
Buchgestaltung und Satz: Dipl.-Des. Caroline Mohr
nach der Konzeption von: Dipl.-Des. Justyna Schwertner
Bildbearbeitung und Lithografie: Ellen Schlüter
und Makro Chroma Joest & Volk OHG, Werbeagentur
Koordination Fachlektorat: Valerie Mayer
Fachlektorat: Şebnem Yavuz
Lektorat: Doreen Köstler
Druck: Firmengruppe Appl, aprinta druck GmbH

WWW.MENGENRECHNER.DE
UNSER KOSTENLOSER SERVICE FÜR SIE

Ausführliche Infos
Seite 206

**BECKER
JOEST
VOLK
VERLAG**
www.bjvv.de